TRAITÉ

SUR LA

FABRICATION DES CHALES DES INDES.

Corbeil, typographie de Crété.

TRAITÉ
SUR LA FABRICATION
DES
CHALES DES INDES

PAR

DENEIROUSE
Fabricant de Châles, Chevalier de la Légion d'honneur.

ACCOMPAGNÉ DE 2 PLANCHES
EXPLICATIVES DU TEXTE.

PARIS
PAPETERIE INDUSTRIELLE ET COMMERCIALE DE DESSAIGNE,
Rue de Cléry, 19.

—

1851

INTRODUCTION

Pendant longtemps, les procédés employés par les Indiens dans la fabrication de leurs châles ont été un mystère impénétrable pour les fabricants français ; il fut même impossible à notre ancien confrère M. Rey, malgré tous les renseignements et les recherches qu'il put faire à ce sujet, de nous donner, dans son *Histoire des châles*, les plus faibles notions sur les procédés en usage dans l'Inde pour ce genre de travail. Mais aujourd'hui que la vapeur a rapproché les distances, et qu'il a été possible à quelques négociants français de pénétrer dans l'Inde, de visiter les fabriques et de travailler même sur leurs métiers ; aujourd'hui que nous connaissons le prix de la main-d'œuvre de l'ouvrier indien, le prix du cachemire filé pour chaîne et pour brocher ainsi que celui de la teinture ; aujourd'hui que nous avons en France un de leurs métiers, avec lequel nous avons pu nous rendre compte de la longueur et des difficultés de ce travail, il nous est tout aussi facile d'établir le prix de revient de leurs châles que le fabricant indien lui-même qui en paye tous les frais. Or, la connaissance de ce travail, les moyens qu'ils emploient dans leur fabrication, les résultats qu'ils obtiennent ou peuvent obtenir dans tout ce qui se rattache à l'industrie cachemirienne, comparés à tout ceux que nous avons obtenus nous-mêmes dans cette industrie, doivent nous donner la mesure de tout ce que nous avons à espérer.

J'essayerai d'expliquer leurs procédés autant et aussi clairement que pourra me le permettre le langage thecnique, indispensable à ce genre de fabrication, et démontrer de la manière la plus positive la possibilité de fabriquer ces châles en France, avec avantage pour nos manufactures. Mais avant de donner cette description, j'ai pensé qu'il était indispensable de mettre en évidence les progrès immenses qui ont été faits dans la fabrication des châles français découpés, afin que l'on puisse se faire une idée de ceux que l'on pourrait obtenir en pratiquant le travail indien.

TRAITÉ

SUR

LA FABRICATION DES CHALES DES INDES

CHAPITRE PREMIER.

De l'imitation des châles en France.

Quoique l'industrie des châles en France n'ait que 40 ans d'existence, les premiers fabricants, c'est-à-dire ceux qui commencèrent cet article, n'existent plus ou sont retirés des affaires, et aujourd'hui le plus grand nombre de ceux qui excercent cette industrie, ignorent généralement les innombrables difficultés que leurs devanciers eurent à vaincre avant de pouvoir organiser cette fabrication.

Ayant concouru pour ma part à cette organisation, que j'ai suivie pas à pas, je possède à cet égard, les documents les plus exacts : toutefois, je dois le dire, je n'étais pas encore à Paris, où je fus appelé qu'en 1809, par M. Lagorce, mon patron, fabricant à Nîmes, pour y monter une fabrique de châles ; ce n'est que depuis cette époque que j'ai pu suivre les progrès de cette fabrication, qui était encore à l'état d'enfance. Néanmoins, pour faire connaître le point de départ de cette industrie, et arriver ainsi graduellement à constater les résultats immenses qu'elle a obtenus, j'ai dû remonter plus haut, et emprunter à M. Rey les renseignements suivants qu'il donne sur le commencement de cette fabrication à Paris.

L'opinion la plus accréditée, dit-il, est que l'expédition d'Égypte a donné naissance à la mode des châles en France. L'exacte vérité est que cette expédition a pu rendre plus commun l'usage des cachemires, mais qu'on avait commencé à faire quelque chose de semblable avant qu'ils parussent. Les essais informes, comme sont tous les essais, remontent au temps voisin de ceux qui ont précédé la révolution de 1789. Ils ne firent certainement pas pronostiquer les succès brillants auxquels la fabrique est parvenue depuis. Une simple écharpe en gaze de soie, fond toile, à liteaux, fabriquée à Lyon, fut le premier type en ce genre. Aux liteaux, succédèrent des bordures étroites et des palmes grêles brochées en soie d'une seule couleur et non découpées. Le coton pour trame, la soie pour chaîne et pour broché, furent d'abord les seules matières dont on fit usage. Des bouquets petits et très-espacés, empruntés aux magnifiques toiles de coton nommées *Perses*, vinrent ensuite orner le fond. Néanmoins le châle n'avait pas encore reçu de ce tyran impérieux nommé la *mode*, la permission de se montrer. M. Legoux de Flaix, en 1788, en avait apporté de l'Inde; aucune des femmes à qui il en fit hommage n'en parut flattée; l'une d'elles lui dit même que cette serge, c'est ainsi qu'elle désignait un tissu appelé aujourd'hui *divin*, ne serait bonne qu'à doubler ses jupons d'hiver. M. Tissingh, gouverneur de Thcingorâ pour les Hollandais, envoya des châles à sa famille en Europe; à son retour, il trouva que, par un innocent vandalisme, on en avait couvert des tables à repasser le linge. Une autre dame reçut de son mari revenant du Caire un superbe châle à fond plein: ignorant l'usage auquel cette étoffe pouvait être employée, elle l'étendit à terre et s'en fit un tapis de pied.

Enfin eut lieu l'expédition d'Égypte, et le châle parut en France! fier de son illustre origine, il commença pour nos fabriques une ère nouvelle.

En 1801, on brocha à deux et trois couleurs les écharpes qui commencèrent alors à prendre le nom de châles, et qui étaient faites sur des métiers à la *tire*, on ne les découpait pas à l'envers, à l'imitation des étoffes de soie dont les couleurs étaient lancées et liées à l'envers par un tissu qui ne pouvait se découper.

Vers 1805 parurent dans le commerce les premiers châles découpés, tramés laine sur chaîne de soie à 4 et 5 couleurs. L'emploi de 5 couleurs à lancer était une difficulté qui avait paru d'abord impraticable. À cause de l'épaisseur qu'elle produisait à l'envers du dessin ; il fallut trouver le moyen d'enlever cette quantité de laine inutile, afin de rendre au châle toute sa souplesse et sa légèreté ; c'est ce qui eut lieu par le procédé du découpage. Il fallait trouver aussi le moyen de consolider le dessin, afin qu'il ne se débrochât pas par cette opération, ni dans les apprêts ni à l'user. On obtint ce résultat au moyen du jeu des lisses mises en mouvement par l'action des pieds du tisserand sur les marches, et c'est cette combinaison qui fut nommée, *pas de liage* ; alors seulement le découpage devint possible, et avec d'autant plus de sécurité qu'à cette époque on fit ce liage en fond toile, c'est-à-dire par le procédé le plus solide, mais aussi offrant moins d'éclat en ce que la chaîne absorbe la moitié du broché, ainsi qu'on peut le remarquer, (planche 1, figure 2.)

L'exposition de 1806, au palais Bourbon, fit voir entre autres objets de fabrication nouvelle, deux châles fabriqués à Paris sur chaîne de soie tramés et brochés en laine. Cette exposition donna un grand essor à la fabrique de châles. Toutes les maisons de Paris, occupées alors à la fabrication des gazes, voulurent entrer en partage des succès que les châles faisaient entrevoir. On fit d'abord des fichus de 89 centimètres (trois quarts) de largeur, parsemés de petits bouquets à plusieurs couleurs, mais lattés. On fit ensuite des fonds semés à palmette sur un mètre 50 cinq quarts) de largeur, que l'on encadra, peu de temps après, par une bordure très-étroite. On fut obligé de monter de nouveaux métiers à la tire sur ces grandes largeurs ; de sorte que métiers, matières, liseurs de dessins, dessinateurs, tout manquait à la fois : il fallut tout créer. Il faut remonter à cette époque pour se faire une idée du mouvement industriel qui se manifesta tout à coup.

CHAPITRE II.

Des Cachemires français.

Ce fut en 1816 que parurent les premiers châles découpés, fabriqués en chaîne et trame pure matière de cachemire, appelés *cachemires français*. Ils étaient à fond semés de petits bouquets ou palmettes sans bordure ; l'emploi de la chaîne en cachemire était une difficulté qui, jusqu'alors, avait paru insurmontable. D'un autre côté, pour rendre l'imitation des cachemires plus parfaite, il fallut renoncer au liage fond toile et le faire en sergé, comme dans les châles des Indes (voyez planche 1, figure 4). Bien des essais furent tentés pour donner au tissu et au dessin toute la solidité désirable. Cette difficulté fut vaincue, mais d'autres non moins grandes restaient encore à résoudre.

La mécanique Jacquart n'avait pas encore été employée à cette fabrication ; l'ouvrier travaillant sur des métiers à la *tire* était à la merci d'un tireur, qu'il payait fort cher, et qui, n'ayant aucun moyen à sa disposition pour régler la hauteur de la *tire*, afin de passer sa navette, brisait les fils de la chaîne lorsqu'il tirait trop haut, ce qui nuisait ainsi à la célérité du travail dont le prix était très-élevé en raison de ces difficultés. Un autre inconvénient prolongeait encore ce travail, le tireur étant obligé de tenir les cordes en arrêt pendant que l'ouvrier passait sa navette, il ne pouvait reprendre le *lac* suivant et le tirer instantanément sans employer le laps de temps nécessaire pour le choisir et le faire tirer, alors ces temps d'arrêt rendaient le travail lent et difficile.

L'emploi de la mécanique Jacquart vint en 1818 modifier tous ces inconvénients ; par ce moyen l'ouvrier n'était plus à la merci d'un tireur dont il n'avait plus besoin ; avec son pied il réglait la hauteur de la tire d'une manière toujours uniforme, et n'était point sujet à briser ses fils de chaîne. D'un autre côté, il n'éprouvait plus de retard pour lancer sa navette, puisque le mouvement qu'il imprimait avec son pied pour foncer et lâcher la marche était instantané. Mais une difficulté beaucoup plus grave que toutes celles que je viens de citer en paralysait l'usage, par la raison que cette mécanique avait été organisée par Jacquart pour fabriquer les étoffes de soie produisant l'effet du dessin par fil et sans lisses ; de sorte que la dimension des dessins pour châles était beaucoup trop restreinte comparativement au style grandiose des dessins de l'Inde. Il fallait donc chercher à élargir le cercle trop étroit dans lequel nous avait renfermé cet admirable mécanisme.

Ce fut dans cette situation encore bien précaire que

les fabricants de châles se présentèrent à l'exposition de 1819.

Huit fabricants de Paris et quatre seulement de Lyon et de Nîmes exposèrent des châles en soie et laine ou en duvet de cachemire ; déjà on était parvenu à filer supérieurement ce précieux duvet, et les châles fabriqués avec cette matière en travail de l'Inde et en travail français vinrent révéler à la France la place que devait occuper un jour cette belle industrie.

M. Bellanger, l'un des hommes qui savent deviner et préparer l'avenir d'une industrie, tout en s'occupant de l'imitation des châles français, s'appliqua à décomposer le tissu oriental, et parvint à produire un châle à fleur naturelle, qui est conservé dans sa famille avec un soin religieux, et qui était parfaitement conforme, par le travail et les matières, à ceux que l'Inde nous envoyait de plus parfait.

L'honorable M. Ternaux fit fabriquer les magnifiques châles, travail de l'Inde et travail français, qui furent admirés à cette exposition ; il importa de l'étranger la matière même de cachemire et la fit connaître au commerce ; il fit venir à grands frais les chèvres du Thibet qui fournissent ce précieux duvet ; et la reconnaissance publique donna aux nouveaux châles le nom de châles Ternaux, sous lequel ils ont été longtemps connus.

M. Lagorce, mon patron, contribua aussi puissamment au progrès de cette nouvelle création. Parmi les châles qu'il avait exposés en cachemires français plus ou moins difficiles à exécuter en ce temps-là, on remarquait un châle long *palme arlequinée,* qui fit sensation dans la fabrique par la difficulté d'exécution, et dans le public par la nouveauté et la richesse du dessin et du coloris. Le fond du châle était blanc et les palmes étaient variées sur une chaîne de différentes couleurs. On n'avait pas, comme aujourd'hui, la faculté de chiner les chaînes de cachemire, de sorte qu'il fallut monter deux chaînes sur le même métier; l'une pour faire le fond du châle, l'autre pour faire les palmes, et trouver le moyen de marier ces deux chaînes en les tissant ensemble dans le travers de la bordure ; ce qui fut exécuté au moyen d'une double armure qui nécessitait dans le montage du métier à la tire une grande complication. Cette difficulté, justement appréciée, jointe à l'ensemble de son exposition très-riche et très-variée, donnèrent un nouvel essor à cet article, et à mon patron une telle renommée que les cachemires français furent connus pendant longtemps sous le nom de *châles Lagorce*, concurremment avec le nom de *châles Ternaux*.

Quatre ans plus tard, c'est-à-dire à l'exposition de 1823, vingt fabricants de Paris et douze de Lyon et de Nîmes, vinrent concourir à l'exposition de cette année, et montrèrent au public l'importance de cette nouvelle industrie et les améliorations remarquables qu'ils avaient introduites dans cette fabrication.

L'essor qu'elle prit les années suivantes, par suite

de nouvelles découvertes, fut tellement rapide, qu'à l'exposition de 1827, le jury, dans son rapport, estimait déjà à trente millions de francs les produits livrés annuellement au commerce, non compris l'imitation des châles ou fichus imprimés qui avaient pris à cette époque une grande extension. Car, de même que les fabriques de Lyon et de Nîmes devaient leur existence à l'imitation des châles de Paris qui leur servaient de modèles, de même les fabriques d'impression devaient leurs succès à l'imitation des dessins qui étaient imprimés à Rouen, à Jouy, à Munster, à Mulhouse sur escot d'Amiens et sur mérinos de Reims, dont le débit était considérable.

CHAPITRE III.

Nouveau procédé de mise en carte et ses résultats.

Ainsi l'exposition de 1819 nous avait surpris au moment même où nous étions à la recherche des moyens qui devaient élargir le cercle par trop restreint dans lequel nous avait renfermé la mécanique Jacquart, dont l'usage faisait déjà pressentir un brillant avenir pour notre industrie. Mais avant d'abandonner entièrement les métiers à *la tire*, il fallait, avant tout, réduire l'emploi de cette immense quantité de cartons indispensables à chaque dessin de châles, dont les frais énormes faisaient reculer les fabricants les plus hardis, ce qui était cause que l'on ne se servait réellement de ce mécanisme que pour les dessins de petite dimension. Mais lorsque j'eus inventé le papier *pointe briqueté* que le jury de 1827 a improprement appelé la *nouvelle armure* (sans doute à cause de son rapport avec le tissu), tout l'ancien système de mise en carte et des métiers à la tire fut renversé et remplacé par les mécaniques à la Jacquart.

La combinaison de ce papier pointé est tellement avantageuse que le dessinateur peint ses fleurs à droite, à gauche et dans tous les sens, sans se douter le moins du monde qu'il forme lui-même le tissu croisé de l'étoffe (ainsi qu'on peut le remarquer, planche 1, figure 9).

L'effet merveilleux de cette nouvelle carte fut tellement apprécié dès son apparition, que toutes les bonnes fabriques de Paris, de Lyon et de Nîmes s'empressèrent de l'adopter, ainsi qu'il est constaté par le rapport du jury que je viens de citer. Depuis lors, on a gravé des planches nouvelles dans ce système pour toutes les réductions, et les anciennes ont été mises de côté.

Avant cette découverte on encartait les dessins de châles sur l'ancien papier réglé à l'usage des étoffes de soie, sans s'occuper du travail des fils et du grain de la côte formant le tissu ; il en résultait que la forme des fleurs disparaissait en partie, lorsque les fils de la chaîne venaient se rabattre sur le dessin pour former le croisé. De sorte que les liserés de 4 fils se trouvaient presque tous coupés par le milieu, laissant sur les bords des petits points qui détruisaient l'effet du sillon et la pureté du dessin (ainsi qu'on peut le voir, planche 1, figure 4). On peut se rendre compte encore aujourd'hui de ce mauvais effet par les erreurs que commettent quelquefois les ouvriers, lorsqu'ils travaillent sur ce qu'on nomme *le faux liage*. Ce système était tellement nuisible à l'effet du dessin, qu'on est maintenant tout étonné que l'on ait pu fabriquer des châles de cette manière pendant plus de vingt ans, tout en ayant constamment sous les yeux les châles des Indes qui nous servaient de modèles et qui n'avaient aucun de ces défauts. Il est vrai de dire qu'à cette époque la multiplicité des commandes qui arrivaient de toutes parts, laissait à peine au fabricant le temps de former des ouvriers, et de se procurer les matières premières et tous les objets nécessaires à cette nouvelle création.

Toutefois, les avantages immenses que l'on obtint dans la perfection des dessins et la vivacité des couleurs par mon nouveau système de mise en carte, donnèrent un nouvel essort à ces produits qui étaient en grande faveur, et cette faveur redoubla d'autant que les résultats économiques qui découlèrent de ce procédé, permirent de fabriquer des châles à meilleur marché, et d'en rendre le prix accessible à toutes les classes de la société.

Ainsi, je m'aperçus tout d'abord que les 4 fils que j'ai représentés sur ce nouveau papier par une brique, pouvait être mis en jeu avec un seul crochet (voyez planche 1, figure 13), tandis qu'il en fallait 4 par la combinaison que Jacquart avait introduite dans son mécanisme (voyez planche 1, figure 5), de sorte que je parvins tout d'un coup par un nouvel enfourchement en usage aujourd'hui, à quadrupler les moyens d'action de chaque aiguille ou crochets qui font lever les fils de la chaîne.

Je m'aperçus, en outre, qu'il y avait dans les châles indiens deux coups absolument pareils, pouvant être répétés à chaque course par les mêmes cartons (ainsi qu'on peut le remarquer, planche 1, figure 11). Il s'agissait de faire revenir la course de ces cartons, et de changer à chaque course le pas de liage au moyen des lisses de rabat. J'obtins ce résultat que je fis exécuter pendant près de deux ans dans ma fabrique à Corbeil, à l'insu de mes confrères, au moyen d'une crémaillère adoptée au battant de la mécanique qui engrenait le cylindre par une roue dentée, et le désengrenait d'autant de cartons qu'il avait engrené, en tirant la crémaillère aú moyen d'un crochet disposé à cet effet. Ce procédé peu connu fut remplacé plus tard par un nommé Rostaing, ouvrier châlier, au moyen d'une roue et d'une fourchette en bois qui fait aujourd'hui partie de la mécanique.

Or, ce retour qui supprimait la moitié des cartons joints au quadruple moyen d'action que j'avais donné à chaque aiguille de la mécanique Jacquart, apportèrent une économie de 90 pour 100 sur les frais de lisage, et permirent, en outre, de pouvoir exécuter des dessins de la plus grande dimension.

Peu de temps après, le nommé Bosche, ouvrier châlier, d'une intelligence peu commune, y apporta un autre perfectionnement très-important, en ajoutant une double griffe à la mécanique et en mettant deux anneaux à chaque aiguille, de manière à faire fonctionner deux crochets par chaque aiguille, et à faire mouvoir simultanément deux corps de fourches. Ce procédé vint compléter le jeu des fils pairs et impairs, dont la combinaison était établie sur mon papier pointé briqueté (ainsi qu'on peut voir la planche 1, figure 13).

Il en résulte qu'aujourd'hui, avec deux mécaniques établies de cette manière, un ouvrier peut avec son pied exécuter avec la plus grande facilité un dessin de 175 centimètres de largeur faisant mouvoir 6,400 fils de chaîne, tandis qu'avec les métiers à la tire et un tireur spécial, on ne pouvait faire des dessins que sur 15 centimètres de largeur, et qu'avec la mécanique telle qu'elle nous avait été léguée par Jacquart, il faudrait placer huit mécaniques sur le métier, ce qui serait impraticable ; et, outre les frais immenses que coûteraient l'innombrable quantité de cartons qu'il faudrait à chacune, il faudrait aussi plusieurs ouvriers pour les mettre en mouvement, tandis qu'un seul obtient tous ces effets au moyen des perfectionnements que je viens d'indiquer, et qui sont le point de départ de toutes ces améliorations.

CHAPITRE IV.

Rapports du jury des expositions de 1823, 1827 et 1839 sur l'invention du papier pointé briqueté contestée à son auteur.

En faisant connaître les résultats qui découlent des procédés du papier pointé briqueté, pour lequel je prends le titre d'inventeur, je suis obligé de donner des preuves de cette priorité qui m'a été contestée.

Je citerai d'abord comme preuve irrécusable, le rapport du jury de 1823, concernant M. Eck.

Ce rapport dit, folio 32, en décernant une médaille d'argent à MM. Ysot et Eck, associés à cette époque pour la fabrication des châles, travail de l'Inde :

« Ces messieurs ont présenté des châles imitant « avec une grande vérité *le travail indien*, qui étaient « remarquables à la fois par le bon effet des couleurs « et par la belle exécution des palmes et des bor- « dures. »

Or, il n'est pas du tout question dans ce rapport, des châles lancés que ces messieurs ne fabriquaient pas, mais des châles *travail indien*, ce qui diffère essentiellement dans les procédés de fabrication. Cependant, je dois le dire à la mémoire de M. Eck, le jury n'avait pas suffisamment expliqué dans ce peu de mots, le mérite de leurs produits. Je me plus à le reconnaître à cette époque devant tous mes confrères ! Aucun des châles espoulinés, exposés par nous tous, n'approchaient sinon de la richesse des dessins, du moins de la beauté du croisé, de la vivacité des couleurs et de la pureté des dessins parfaitement en rapport avec le tissu. Je fus tellement frappé de l'admirable combinaison qu'il y avait dans leurs châles, absolument semblables à ceux de l'Inde, que je voyais cependant tous les jours, sans avoir fait cette remarque, que je résolus d'appliquer ce système aux châles français dont la fabrication me paraissait bien autrement importante que celle des châles, travail de l'Inde.

C'est par suite de cette résolution que je parvins, après bien des essais, à combiner le papier *pointé briqueté*, et à mettre ce papier en rapport parfait avec le tissu, le lisage et le montage des métiers à la Jacquart.

M. Eck avait employé sur les châles un procédé que je ne connus que lors de la dissolution de la société Ysot et Eck, à l'époque où ils mirent en vente leurs métiers espoulinés avec les dessins et tous les accessoires de ces métiers. J'assistais à cette vente, ainsi que plusieurs de mes confrères, et je vis que M. Eck avait, en effet, un encartage particulier, mais cet encartage était tout simplement le travail du tissu par fil et par chaque duite de trame peint sur la carte de la manière la plus compliquée (ainsi qu'on peut le remarquer planche 1, figure 7). C'était l'enfance de l'art, rien de plus, de sorte qu'il était aussi éloigné du système économique que j'ai obtenu, que l'était la mécanique Jacquart avant les améliorations que j'ai citées. Cependant, je le répète, malgré cette complication qui nous reportait en arrière et qui était très-éloignée de toute espèce d'économie, le principe était excellent et l'imitation parfaite. M. Eck a eu le mérite incontestable de s'en être aperçu le premier et de l'avoir pratiqué sur les châles, travail de l'Inde, non point au moyen du papier pointé briqueté, comme on a bien voulu le dire, mais sur la mise en carte du travail par fil et sur l'ancienne carte, ainsi qu'on le pratiquait jadis pour les soieries, lorsqu'on voulait faire plusieurs corps d'étoffe sur le même tissu.

Quant à l'introduction de mon système sur les châles lancés ou le travail français, qui a été la source de toutes les améliorations de cette importante fabrication, — voici ce que dit à ce sujet le rapport incontestable du jury central de l'exposition de 1827, folio 54 :

« MM. Deneirouse et Gaussen ont appliqué à la « fabrication des châles au lancé un perfectionne- « ment d'encartage pratiqué en 1823 *par MM. Ysot « et Eck dans celles des châles espoulinés* : cette mé- « thode a l'avantage de mettre le dessin en rapport « exact avec le croisé, et d'offrir une imitation par- « faite du grain et de la côte du châle indien ; on la

« connaît sous le nom de *nouvelle armure*. Toutes « les bonnes fabriques de Paris, de Lyon et de Nîmes « l'ont adoptée, elle sera généralement suivie. »

Ce rapport suffisait, puisque la part de chacun était parfaitement expliquée ; lorsque douze ans plus tard, c'est-à-dire l'exposition de 1839, au moment où on y pensait le moins, le jury, dans son rapport imprimé une année après l'exposition, vint pour la première fois attribuer à M. Frédéric Hébert tout le mérite de cette invention en disant, volume 1er, folio 147 :

« C'est ce fabricant qui a encouragé de ses deniers « et a pratiqué *le premier* les deux découvertes les « plus importantes de la fabrication des châles. 1° *A la* « *mécanique Jacquart, le mécanisme à retour* inventé « par un nommé Rostaing ; 2° le *papier pointé bri-* « *queté*, de l'invention du sieur Eck, alors dessina- « teur dudit Frédéric Hébert, le mécanisme à retour « et le papier pointé ont fait faire tous les progrès « des châles français, depuis que ces procédés ont « été connus. »

L'explication de ce dernier paragraphe était exacte, mais son application à M. F. Hébert était une erreur que je tenais à faire rectifier.

La lettre que M. Eck m'écrivit le 28 mai 1844, vint appuyer cette rectification, car il est dit dans cette lettre :

« J'affirme, ce qui, à une époque semblable à celle « où nous nous trouvons, vous a été contesté, c'est « que vous êtes le *premier des fabricants* qui avez

« vendu un châle fabriqué au lancé, selon le nouveau « système.... »

Ainsi, celui qui aurait eu le plus de droit à me contester cette priorité, convient lui-même que j'ai été le *premier des fabricants* à faire paraître ce nouveau système. Cette attestation que je possède, jointe au rapport du jury de 1827, sont des titres suffisants, incontestables, et qu'il serait impossible de réfuter.

M. Legentil, président de la commission des tissus au jury central de l'exposition de 1844, auquel je soumis la lettre de M. Eck et le rapport du jury de 1827, s'empressa de rectifier cette erreur dans les considérations générales, volume 1, folio 199, en rappelant le susdit rapport qui annule ce qui avait été dit en faveur de M. F. Hébert dans celui de 1839.

J'ai du insister à relever ce qui m'avait été ravi par cette publicité, non point avec l'intention de contester le mérite de mon honorable confrère, qui, je me plais à le reconnaître, a coopéré pour une bonne part aux améliorations qui ont été operées dans cette grande industrie, mais parce que je considère cette découverte importante, dont la priorité m'appartient, comme un de mes plus beaux titres à la haute récompense qui me fut décernée en 1839.

CHAPITRE V.

Résumé sur la fabrication des châles français.

Maintenant, en ajoutant à toutes les améliorations que j'ai citées celles qui ont eu lieu sur la filature, et sur tous les objets qui ont rapport à la confection de nos produits, il en résulte une baisse de prix qui est aujourd'hui dans les proportions de deux cents pour cent. Il est bien entendu que ce bon marché ne porte nullement, ni sur la façon que l'on paye à l'ouvrier, ni sur le bénéfice que doit en retirer le fabricant. J'atteste, et je ne crains pas d'être démenti, que les mêmes châles à palmettes sans bordure, à cinq ou six couleurs, que nous livrions au commerce en 1816, à raison de trois cents francs, nous pourrions les livrer aujourd'hui, bien supérieurs en qualité et avec les mêmes bénéfices, pour cent francs.

Les progrès qui ont été faits dans les dessins et la mise en carte ne sont pas moins dignes de remarque. Je dois dire que, dès l'origine, les fabricants éprouvèrent de très-grandes difficultés, pour former des dessinateurs capables de comprendre et d'imiter parfaitement les ornements indiens. La nouveauté de ce genre original, inconnu jusqu'alors, la délicatesse des tiges, l'attache des fleurs, la forme des feuillages ne furent pas compris par tous et en retardèrent les progrès. Il est vrai que des ornements d'une autre nature furent tentés à plusieurs reprises sur nos châles, mais on en revint toujours à l'imitation de ceux de l'Inde, car il s'agissait d'imiter des châles qui avaient alors un grand prix, et ceux qui approchaient le plus de la ressemblance de ces modèles étaient les plus estimés. Aujourd'hui, ce prestige semble avoir cessé entièrement ; nos dessinateurs peuvent se livrer à leurs inspirations avec moins de danger ; ils ont acquis une telle habitude du genre qui convient aux châles, ils en connaissent si bien tous les détails et l'effet des couleurs, que rien n'égale leurs brillantes conceptions et la hardiesse grandiose de leurs dessins ; ceux de l'Inde, qui ont fait longtemps notre admiration, sont dépassés et éclipsés à jamais.

Il résulte de tout ce que je viens d'énumérer :

Que nous devons à l'imitation des châles des Indes l'un des plus riches produits qui soit sorti des manufactures de notre pays ;

Que cette belle industrie, qui avait pris naissance en 1806 et existait à peine en 1819, avait acquis une telle importance en 1827, que ses produits annuels, livrés au commerce, s'élevaient déjà à trente millions de francs ;

Que c'est à la fabrique de Paris, qui sert d'école, que l'on doit l'existence des fabriques de Lyon, de

Nîmes et de toutes les fabriques d'impressions qui viennent à sa suite ;

Et que c'est aux fabricants de Paris que l'on doit ces puissants moyens de fabrication, qui leur ont permis de livrer leurs beaux châles à la consommation, à raison de 200 pour 100 de rabais.

Ces résultats sont immenses, on pourrait même dire fabuleux.

CHAPITRE VI.

Description du métier indien.

Je vais essayer maintenant de donner la description du travail indien d'après le métier venant de l'Inde que j'ai en ma possession, et d'après les renseignements que j'ai obtenus des négociants français qui ont été dans ce pays et ont visité les fabriques. Ces renseignements coïncident parfaitement avec tout ce qui constitue ce métier, dont je joints ici les plans. D'après cela, on pourra se convaincre que les métiers dont se servent les Indiens, sont dépourvus de toute espèce de mécanismes, et qu'ils fabriquent encore les riches dessins que nous voyons sur leurs châles comme dans l'enfance de l'art, à force de temps et de patience, par un travail qui se rapproche beaucoup de la broderie à l'aiguille.

Ainsi qu'on peut le remarquer planche 2, figure 1, la chaîne du métier indien est attachée perpendiculairement au sommet du métier, puis elle vient se placer horizontalement à l'aide d'un rouleau, fixé à quelques centimètres des lisses qui sont en arrière du battant dans lequel est ajusté le peigne. A partir de ce rouleau, cette disposition horizontale se rapproche beaucoup de nos métiers de tisserands, et leur donne la facilité de pouvoir placer devant eux sur l'étoffe cette énorme quantité de fuseaux indispensable à ce travail. La grosseur de ces fuseaux à l'endroit où est enroulé le cachemire à brocher, est de 4 à 5 millimètres sur 12 à 14 centimètres de longueur; ils sont pointus par les deux bouts, de manière que l'ouvrier se sert de la pointe de gauche du fuseau pour compter les fils de droite à gauche, lorsqu'il broche en venant sur la gauche, et de l'autre bout pour compter les fils de gauche à droite, lorsqu'il revient sur la droite. Le sillon diagonal, ou autrement dit le croisé qui se fait par la chaîne, est formé tout simplement comme sur nos métiers, par le moyen des lisses, c'est-à-dire que toutes les fois que l'ouvrier commence une course de droite à gauche ou de gauche à droite, il a soin de faire lever la moitié des fils de la chaîne au moyen des lisses et des marches qui y sont attachées, ensuite il passe une baguette tout en travers de la chaîne, en avant du peigne et le plus près possible, afin que les fils, séparés par les dents de ce peigne à distances égales, soient plus faciles à compter (ainsi qu'on peut le voir planche 2, lettres L et Q), et c'est sur cette moitié de la chaîne fortement tendue sur la baguette que l'ouvrier indien broche les couleurs, après avoir préalablement compté la quantité de fils que le liseur lui a indiqué. Lorsque la course est terminée, c'est-à-dire lorsque tous les fuseaux qui devaient travailler tout en travers de l'étoffe ont été brochés et crochetés les uns avec les autres, l'ouvrier retire sa baguette, fait lever d'autres fils en suivant la marche du sillon, ainsi que cela se pratique sur nos métiers à tisser le mérinos, repasse sa baguette sous cette nouvelle levée et recommence la même opération. Ainsi de suite pour continuer le travail.

Néanmoins, on doit concevoir que pour compter les fils et brocher les couleurs, il faut avoir un dessin quelconque sous les yeux, ou tout au moins il faut avoir près de soi un guide, un ouvrier qui puisse dire au brocheur la couleur et la quantité de fils qu'il faut brocher; c'est ce dernier moyen qui est en usage dans l'Inde, c'est-à-dire qu'il y a un des trois ouvriers employés à ce travail qui appelle les couleurs et la quantité de fils à prendre, d'après un cahier qu'il a sous les yeux et sur lequel est écrit le dessin préparé à l'avance par un liseur.

Ainsi, le maître ouvrier, placé au milieu de ses deux compagnons, ayant sous les yeux le cahier sur lequel est écrit le dessin est obligé d'annoncer, en travaillant lui-même, la quantité de fils à prendre, de quitter cette lecture pour choisir le fuseau qu'il doit brocher, et lorsqu'il est parvenu à trouver celui qu'il doit prendre, il est encore obligé de compter les fils de chaîne, un à un, avant de pouvoir passer son fuseau ; il faut ensuite qu'il vienne reprendre sa lecture à l'endroit où il l'a quittée, pour lire le coup qui vient après. Ces procédés, quoique fort simples, exigent cependant une grande attention et une grande habitude de la part du maître ouvrier ainsi que de ses deux compagnons; car, pour obtenir des dessins un peu réduits, comme il en existe beaucoup sur lesquels on compte 6 duites de trame pour fabriquer un millimètre d'étoffe, et où il faut avoir à sa disposition un fuseau tous les 6 fils ou 800 fuseaux pour 4,800 fils de chaîne, le plus long et le plus difficile dans cette réduction, n'est pas de compter les fils, mais de choisir les fuseaux qui tous ne travaillent pas à la suite les uns des autres, puisque les uns quittent. les autres prennent selon les couleurs indiquées par le dessin. A certains endroits il faut brocher un fuseau tous les quatre fils, à d'autres tous les 6 ou 8 fils, et à d'autres encore tous les 12 fils; or, il est facile de se figurer le confusion qui doit régner parmi ces 800 fuseaux de toute couleur couchés horizontalement sur le devant de l'étoffe, et entassés les uns sur les autres à cause de leurs grosseurs qui est d'un demi-centimètre, et que, dans certains passages, il faut placer 8 de ces fuseaux dans un espace de 2 millimètres. On peut se faire une idée de l'attention et des difficultés que doivent éprouver ces ouvriers pour débrouiller, parmi ce nombre de fuseaux, celui qui quitte ou qui doit travailler, et lui assigner en même temps la place qu'il doit occuper; ajoutez à cela que les fils de la chaîne sont très-faibles, très-fortement tendus et tellement rapprochés les uns des autres qu'ils forment une espèce de tissu (ainsi qu'on peut le voir planche 3, figure 2). De sorte que, pour faciliter le passage des fuseaux d'un demi-centimètre de grosseur, il faut piquer et les faire sortir au travers de ces fils, qui, à chaque course, se cassent souvent en assez grande quantité et obligent l'ouvrier à les rattacher de suite, afin de ne pas intervertir le nombre des fils indiqués par le dessin. Il en résulte une lenteur vraiment excessive dans le travail, et nous donne la mesure du caractère stationnaire des Orientaux qui continuent, depuis des siècles, à se servir des procédés qu'ils auraient pu simplifier, en n'employant même aucun mécanisme.

CHAPITRE VII.

Des procédés du lisage dans l'Inde.

Pour obtenir ce que nous appelons en France, *la lecture des dessins*, les Indiens emploient des moyens tout aussi lents et aussi difficiles que ceux que je viens de décrire pour le tissage de leurs châles. C'est toujours l'enfance de l'art dans toutes les parties de cette fabrication ; ainsi, ils sont obligés d'occuper deux ouvriers pour le même objet d'un dessin, l'un pour lire cet objet, l'autre pour l'écrire. Ceux qui sont chargés de ce lisage sont en quelque sorte ouvriers tisseurs et dessinateurs en même temps, puisqu'ils sont obligés, en tissant chaque raccord du dessin, de le nuer selon leur goût, d'après l'esquisse qui leur a été remise au trait noir seulement.

Le liseur se place sur un petit métier destiné à cet usage, sur lequel il a disposé préalablement une chaîne, ayant la quantité de fils suffisante à la grandeur du dessin qu'il veut lire ; et ce dessin au trait noir, qui n'est qu'une portion du châle, c'est-à-dire un raccord qui se répète 2, 6 ou 8 fois, plus ou moins, selon les proportions que le dessinateur a bien voulu lui donner, ce dessin, dis-je, le liseur le place lui-même sous la chaîne, de manière à pouvoir en distinguer tous les contours (ainsi qu'on peut le voir planche 3, figure 2); c'est en suivant ce trait le plus exactement possible, au travers de la chaîne, qu'il dispose les couleurs et les broche lui-même selon son goût ou d'après les renseignements qui lui ont été donnés. Le deuxième ouvrier se tient à son côté avec un cahier tout préparé pour écrire, de sorte qu'à chaque fuseau que le liseur passe sous la chaîne, il dit à l'écrivain la couleur et la quantité de fils qu'il a brochés; celui-ci écrit à mesure sous cette dictée, jusqu'à ce que le dessin soit entièrement écrit. Lorsque ce travail est terminé, on déroule le morceau d'étoffe qui a été fabriqué de cette manière par le liseur, et on corrige le manuscrit s'il y a quelques changements à faire dans le nué, après quoi on donne ce manuscrit aux ouvriers tisseurs pour fabriquer les châles.

Ainsi, à chaque dessin nouveau, ils sont obligés de fabriquer un morceau d'étoffe qui leur prend beaucoup de temps, leur coûte fort cher, parce qu'on ne peut confier ce travail qu'à des ouvriers les plus habiles et les plus intelligents, payés plus cher en raison de leurs capacités, et tout ce travail préparatoire se trouve en quelque sorte perdu, car ces morceaux d'étoffe cousus quelquefois sur des châles inférieurs n'ont en réalité aucune valeur.

CHAPITRE VIII.

Des difficultés et des défauts qui sont la conséquence du mauvais système de lisage.

Quelle que soit l'habileté du liseur indien, on peut remarquer, par le dessin que j'ai levé sur un de leurs châles avec la plus grande exactitude (voyez planche 3, figure 3), que leur système de lisage entraîne des irrégularités notables dans le sens de la chaîne comme dans celui de la trame. On peut voir par les lignes que j'ai tirées sur ce dessin dans les deux sens, planche 3, figure 3, jusqu'à quel point ils peuvent s'éloigner du trait qui leur sert de modèle. On peut même juger par les objets et les feuillages de droite que le dessinateur a voulu faire semblables à ceux de gauche, qu'ils n'ont plus la même forme ni en hauteur ni en largeur. Cette irrégularité, dont on ne peut se rendre compte sur leurs châles, parce qu'on ne regarde que l'ensemble du dessin, n'en existe pas moins sur tous les objets qui se répètent à des distances plus ou moins rapprochées. Cependant, les objets qui se répètent à retour sur leurs esquisses devraient avoir une régularité semblable à ceux que j'ai copiés moi même sur le dessin planche 3, figure 4, qui est à côté, et par celui qui est au-dessus, planche 3, figure 2, dont le trait a été levé sur une esquisse de l'Inde que j'ai en portefeuille. Toutefois, les dessinateurs ont soin de faire la division de leurs dessins de manière à ce qu'elle soit en rapport parfait avec la quantité de fils qui sont passés dans les dents du peigne. Cette proportion est de rigueur pour que le liseur puisse avoir à sa disposition une quantité de fils suffisante pour rendre toute la finesse des détails.

Ainsi, par exemple, je suppose que chaque dent de peigne porte 1 millimètre et contienne 4 fils de chaîne comme pour nos beaux châles français; je suppose encore un passage du dessin de 2 millimètres seulement ayant 3 couleurs à brocher pour figurer un objet rouge enfermé de chaque côté par un liséré blanc : il est évident qu'avec les 8 fils dont il peut disposer, il ne pourra pas brocher les 3 couleurs qui lui sont nécessaires pour rendre cet effet, puisque, sur les 8 fils, 4 restent en fond pour former le croisé; et comme il a besoin de 2 fils pour chaque couleur et qu'il ne lui en reste que 4, il est de toute impossibilité qu'il puisse en brocher 3. Voilà pourquoi il est indispensable que leurs dessins soient mis en rapport le plus possible avec la quantité de fils qui sont passés dans le peigne. Or, pour que le liseur ne soit pas trop resserré, il faut que le dessinateur combine son dessin de manière à pouvoir disposer en moyenne de 6 fils pour chaque couleur : de sorte que, si l'étoffe a 160 centimètres de largeur ou 1,600 millimètres et contienne 4,800 fils de chaîne, le liseur est obligé de faire écrire sur le cahier, pour un seul coup tout en travers de l'étoffe, 800 chiffres en ajoutant à chaque nombre l'indication des couleurs. Or un dessin de châle long ayant 3 courses doubles par millimètre pourrait avoir, jusqu'au milieu de sa longueur, 9,000 courses à indiquer, ce qui, en raison de 800 chiffres à nombrer par course, ferait 7,200,000 chiffres à écrire et à motiver. Voilà pourquoi les Indiens répètent le même dessin 3, 4 et même 8 fois, plus ou moins, sur la largeur de leurs châles, afin de diminuer le plus possible la longueur de ce travail, qui, en définitive, n'est que préparatoire; seulement, afin d'obtenir plus de variété et de richesse dans le coloris de leurs dessins, ils font changer à l'ouvrier la couleur des fonds sans toucher à la couleur des détails.

Toutefois ce mauvais système entraîne encore une foule d'autres défectuosités que le liseur ne peut éviter, quelles que soient d'ailleurs son intelligence et ses capacités. Ainsi, à chaque course et à tous les endroits où les objets exigent de la finesse dans les contours, il lui arrive, ce que j'ai signalé plus haut, de n'avoir plus que 4 fils à prendre pour brocher 3 couleurs (ainsi qu'on peut le remarquer planche 3, figure 3, lettres *o-o*), de sorte qu'il est obligé d'en sauter 1, qu'il reprend le coup d'après si le dessin le lui permet. Or, il résulte de ces coups sautés une quantité de défauts qui nuisent à la pureté des formes et à la perfection des fleurs. Je démontrerai par la suite que nous évitons tous ces inconvénients par les procédés que nous employons. Je vais repasser d'abord tout ce qui a rapport à l'industrie cachemirienne, afin d'expliquer ensuite nos moyens de fabrication, et de mettre en évidence la supériorité de nos procédés.

CHAPITRE IX.

De la filature et de la teinture chez les Indiens.

Le filage du cachemire est le travail des femmes dans l'Inde ; elles filent ce duvet à la main comme on file le lin dans nos campagnes. On sait que ce procédé donne un fil très-irrégulier et un tissu très-inférieur à celui que nous obtenons par le filage à la mécanique : toutes nos dames s'accordent à dire que nos tissus sont bien supérieurs à ceux de l'Inde ; et sous ce rapport, comme sur tous ceux que j'ai cités, nous n'avons rien à leur envier.

Quant à la teinture, je n'ai aucune notion sur leurs procédés ; mais quant à la persistance des couleurs, je m'empresse de dire qu'elles sont bien moins solides que les nôtres (quoi qu'en disent nos dames): ce qui peut faire croire à leur solidité ne provient que de l'effet du travail qui prête beaucoup à la vivacité des couleurs par le relief du dessin. Mais tous nos apprêteurs s'accordent à dire qu'ils ont beaucoup plus de menagements à garder pour conserver la couleur des châles de l'Inde plutôt que pour les nôtres. D'ailleurs, personne ne peut mettre en doute les progrès immenses qui ont été faits dans la chimie, et ces progrès nous ont permis de fixer nos couleurs avec toute la solidité possible et par des moyens excessivement prompts.

Les Indiens sont encore sous ce rapport tellement arriérés, que, malgré le bas prix des salaires dans l'Inde et la faculté d'avoir sous la main les matières tinctoriales que nous sommes obligés de faire venir à grands frais de leur pays, nous teignons tout aussi bon marché qu'eux : ceci pourrait paraître un peu hasardé si des renseignements tout aussi exacts que ceux que nous avons sur leur fabrication ne venaient lever tous les doutes à ce sujet.

Ainsi, des échantillons de toutes les couleurs et de tous les numéros pour chaîne et pour brocher à l'usage de cette fabrication, portant en marge le prix de chaque article avec le cachet des syndics de la corporation des ouvriers tisseurs de Lahore, furent envoyés en France par le général Allard au ministère du commerce, et soumis à l'appréciation des filateurs et fabricants de châles de Paris. Il fut reconnu, d'après ces échantillons teints et non teints, que les prix cotés en marge étaient tout aussi élevés que ceux que nous payons en France. Le filé pour chaîne était même plus cher que ce que nous le payons, sans doute à cause de la difficulté de pouvoir filer aussi fin, à la main, une matière si délicate. De sorte que notre conviction à tous, après cet examen, fut que leurs procédés devaient être encore à l'état d'enfance, puisque, avec la main-d'œuvre à bon marché et la faculté d'avoir sous la main toutes les matières premières, les Indiens ne pouvaient obtenir des prix moins élevés que les nôtres.

CHAPITRE X.

Du genre des ornements indiens et de leur origine.

Pour compléter la description de tout ce qui se rattache à l'industrie cachemirienne, je crois devoir dire un mot sur le genre de dessin des châles des Indes, qui firent autant de sensation, dès leur apparition en France, par leur bizarrerie et leur originalité que par l'éclat et la vivacité de leurs couleurs.

Les fabricants, je le répète, éprouvèrent d'abord de très-grandes difficultés pour former des dessinateurs capables de comprendre ces ornements et de les imiter parfaitement; car il en est de la combinaison des dessins comme de toutes choses : si l'on veut arriver à la perfection, il est essentiel de connaître l'origine du genre que l'on veut traiter. Or, à cette époque on l'ignorait complétement ; et la plupart des dessinateurs traitent encore ce genre, aujourd'hui, par habitude, sans connaître en aucune manière la source de ces ornements. Cette ignorance paralyse la création d'objets nouveaux, et multiplie à l'infini ceux qui sont connus.

C'est en étudiant et en analysant ces dessins que l'on peut reconnaître qu'ils ne sont point le résultat du hasard ou d'une imagination fantasque, comme on a bien voulu le dire, mais celui d'une combinaison constante et bien entendue.

Ainsi, les dessinateurs indiens ont, à différentes époques, changé le genre de ces ornements que nous avons surnommés dans le temps *le caillouté*, *le Bengale*, *à rubans*, *à palme superposée*, *à Pagode*, etc... Ils ont même exécuté des oiseaux de grandeur naturelle, tout en conservant le même caractère dans la construction des fleurs. Mais ce qui étonna le plus dans ces dessins lorsqu'ils parurent, ce fut la forme que nous sommes convenus d'appeler *palme* (voyez planche 4, figures 1 et 2), laquelle n'est autre chose (d'après ce qui m'a été dit par un Indien) que la forme d'un fruit appelé *mangot*, tellement estimé dans le pays, qu'ils le représentent non-seulement sur leurs châles, mais sur tous les objets destinés à leur usage. Et cette forme, qu'ils ont agrandie dans tous les sens et à laquelle ils ont donné des proportions quelquefois démesurées, ils l'encadrent de bordures plus ou moins larges, ou de rayures de différentes couleurs selon l'espace qu'ils ont à remplir. J'ai même remarqué sur des vases, des pipes, ou des plateaux entièrement couverts de peintures en ce genre, de petites roses assez bien exécutées autour de ces palmes, et semées avec beaucoup d'art au milieu de tous ces objets bizarres ou fantastiques, comme on a bien voulu les appeler.

Il est évident d'après cela, que les dessinateurs suivent une marche régulière : et la manière dont ils représentent les pagodes, les serpents, les oiseaux et les fleurs, nous donne la certitude que c'est sur la nature et principalement sur les fleurs que les Indiens ont puisé dès l'origine tous les objets que nous voyons aujourd'hui sur leurs étoffes et sur leurs châles. On doit donc naturellement penser qu'aussitôt qu'il fut possible aux hommes de figurer des dessins sur leurs étoffes, ils commencèrent par vouloir faire ce qui flattait le plus leur goût et captivait leurs sens, et rien n'était plus capable de leur inspirer ce désir que la vue des fleurs dont la nature offre des formes aussi gracieuses que variées ; et lors même que nous n'aurions aucun modèle qui pût nous faire conjecturer que les Indiens ont voulu représenter des fleurs sur leurs châles, nous ne devrions pas moins en conclure qu'ils ont dû commencer par là.

D'un autre côté, les procédés qu'ils emploient encore dans leur fabrication nous donnent la certitude que leurs productions actuelles sont à peu près les mêmes que celles de la plus haute antiquité. Voilà pourquoi nous retrouvons sur certains objets dont leurs châles sont ornés la forme primitive des fleurs vues de face ou de profil, que le manque total des effets de la lumière et des ombres permet à peine de reconnaître. Ainsi, ils emploient les mêmes moyens pour rendre l'effet d'une pagode que pour représenter un paon, une tulipe, un oiseau, des serpents, etc. (voyez planche 1, figures 3, 4, 5, 6 et 7) ; de manière qu'une pagode, un paon ou des serpents, ne diffèrent entre eux que par la forme : on croirait que ce sont des objets variés, vus sur une surface plane dont les contours sont indiqués par un liséré clair ou foncé selon la couleur sur laquelle ils sont placés, dont le centre est couvert de petites fleurs ou feuillages qui paraîtraient tenir lieu de l'effet des ombres indiquant la ronde bosse des colonnes, des serpents, du paon, etc., et très-difficile à exécuter sur l'étoffe, surtout d'après leur système.

C'est principalement l'agencement des tiges répandues dans leurs dessins, l'attache des fleurs, la bizarrerie des formes et la vivacité du coloris, qui ont fait de ce genre un ensemble parfait, original, gracieux, qu'on pourrait rendre beaucoup mieux avec les procédés que nous possédons et qu'on ne saurait trop multiplier, parce qu'il convient non-seulement à nos châles, mais à plusieurs sortes d'étoffes pouvant servir à la toilette de nos dames.

J'ajouterai cependant que, bien que l'effet des ombres ne leur soit pas inconnu, puisqu'ils le rendent avec beaucoup d'art dans la peinture de leurs vases, plateaux, et généralement sur tous les objets à leur usage, ils ne sauraient reproduire l'effet des ombres sur leurs châles avec les procédés dont ils disposent dans leur fabrication ; tandis que par nos moyens mécaniques cet obstacle se trouve levé, ainsi que nous en avons donné la preuve par le châle, travail de l'Inde représentant des fleurs naturelles ombrées que nous avons exposé en 1849, et qui nous a valu de tous les connaisseurs, ainsi que du jury, les témoignages les plus flatteurs. C'est donc à nous, fabricants, c'est donc au génie de nos dessinateurs qu'est réservé l'honneur de créer de nouveaux effets et d'offrir des modèles à la fabrication cachemirienne.

CHAPITRE XI.

Du métier à fabriquer les châles de l'Inde en France.

Un fait que je crois utile de rappeler ici parce qu'il se rattache à tous nos essais, c'est qu'en examinant dès l'origine la magnificence, l'ensemble harmonieux et la richesse des dessins de l'Inde, j'ai pu croire, comme quelques-uns de mes confrères, que, pour imiter ces produits, il était indispensable d'employer un mécanisme et des procédés en rapport avec la complication des dessins; l'expérience et des essais de toute nature ont fait disparaître cette pensée. Il suffit aujourd'hui du dessin mis en carte, d'un métier à corps double, et d'une mécanique de 100 aiguilles seulement, pour exécuter les dessins les plus compliqués, c'est-à-dire de toute la largeur et la longueur du châle, sans qu'il soit nécessaire d'aucune lecture préalable (puisqu'on lit les dessins en travaillant); et les procédés du lisage sont tellement simples, qu'un enfant suffit pour opérer ce travail, quelle que soit d'ailleurs la complication du dessin que l'on veut exécuter.

La mécanique que j'ai fait construire pour cet usage a la forme d'une jacquart, mais elle n'a ni battant ni cylindre. Les lames de la griffe sont mouvantes et de toute la hauteur que l'on veut donner à la levée des fils, afin que ces lames en retombant puissent glisser entre les crochets sans atteindre la tête de ces crochets. Des ressorts fixés à chaque extrémité de ces lames, sur les deux montants de la griffe, permettent de les faire mouvoir à volonté au moyen des boutons placés à la portée de l'ouvrier et destinés à former le croisé. Chaque aiguille de la mécanique a 4 anneaux, dans lesquels sont passés 4 crochets, qui servent à faire lever les fourches ou, autrement dit, les fils de la chaîne. Ces aiguilles, placées horizontalement comme à la jacquart, n'ont pas d'élastiques au talon, mais elles sont repoussées en arrière de la griffe au moyen d'un cran que l'on a pratiqué au talon des crochets qui les renvoie toujours à leur place respective par un mouvement qui lui est imprimé par cette griffe, de manière qu'en tirant les aiguilles on amène les crochets, qui font lever les fils, et s'en retournent à leur place lorsqu'on cesse de les tirer. Ce mouvement, qui fait avancer les crochets sur la griffe, est opéré au moyen des ficelles placées horizontalement en forme de *queue de rame*, en face des aiguilles. Ces aiguilles sont percées à leur extrémité en dehors de la planchette, de manière à pouvoir y attacher la ficelle qui correspond à un petit levier en forme de mouvement de sonnette où la même ficelle est fixée par l'autre bout. Ces leviers sont fixés à leur tour sur les deux montants du *semple*, lesquels montants sont placés en dehors et contre le chapeau du métier. A l'autre bout du levier, on attache d'autres ficelles pour former le semple; ces ficelles viennent tomber perpendiculairement sur la mise en carte du dessin, qui est placé sur des rouleaux, de manière à pouvoir enrouler le dessin et changer la course avec facilité aussitôt qu'elle est terminée. Les ficelles du semple correspondent à chaque brique de la mise en carte. et ces briques sont assez grandes et la ficelle assez fine pour distinguer les couleurs du dessin qui est en dessous. Afin que ces ficelles soient toujours assez tendues sur la carte, on attache des élastiques à l'extrémité et en contre-bas de chaque levier; aussitôt que la liseuse tire une corde du semple correspondant à une aiguille de la mécanique, elle amène les 4 crochets qui font lever les 4 fils pour les agrafer sur les lames de la griffe; mais comme il ne faut que 2 fils pour former le croisé, et qu'il n'y a pas de lisses pour rabattre les 2 fils qui ne doivent pas travailler, on paralyse 2 des lames mouvantes de la griffe dont j'ai parlé, de manière qu'il n'y a jamais que 2 fils qui travaillent constamment, parce que deux de ces lames sont paralysées à chaque course suivant la marche du croisé, ainsi que cela se pratique au moyen des lisses.

La mécanique n'a que 100 aiguilles et 400 crochets qui font lever 400 fils; de sorte qu'il y a autant de répétition de 400 fils que l'on veut en mettre dans le dessin ; et comme on est obligé de crocheter chaque espoulin l'un après l'autre (voyez planche 5, figure 15), on ne broche qu'une répétition à la suite l'une de l'autre, et le dessin s'arrête où l'on veut bien l'arrêter : seulement il faut autant de cartes de 400 fils ou 100 briques que l'on veut en donner à la grandeur du dessin. Ainsi, plus de lisage à l'avance, plus de cartons, plus de battant ni cylindre, rien de ce qui constitue la mécanique jacquart, malgré sa ressemblance avec elle ; et celle que j'ai fait établir pour ce nouveau travail est donc le résultat d'une combinaison toute particulière.

CHAPITRE XII.

Des moyens de faire le travail indien sur nos métiers de tisserand.

Le mécanisme que je viens de décrire pourrait être remplacé parfaitement par un procédé beaucoup plus simple, c'est-à-dire par un métier de tisserand, sans autre mécanisme en sus que les espoulins et la planche pour les recevoir, pourvu toutefois que le dessin, qui est tout naturellement indispensable, soit à répétition, et que cette répétition ne dépasse pas 40 centimètres sur la largeur de l'étoffe, c'est-à-dire le quart d'un châle long. Ce procédé se rapproche beaucoup des procédés et des métiers indiens; mais avec cette différence que l'ouvrier indien est obligé de compter lui-même ses fils et de les brocher après les avoir comptés: tandis que, par le moyen que je vais indiquer, c'est une liseuse qui les compte à l'avance pendant que la brocheuse passe sous la chaîne et remet en place l'espoulin qui a été compté le coup avant.

Or, pour fabriquer les châles de cette manière, la liseuse doit être placée derrière les lisses, ayant devant elle l'*ensouple* sur laquelle la chaîne est enroulée (voyez planche 7, figure 3) et sous les yeux la mise en carte du dessin, fixée dans une règle comme pour la lecture ordinaire et aussi près de la chaîne que possible. La liseuse étant ainsi placée, on passe 2 baguettes (voyez planche 7, figure 3, lettres SS) au moyen des lisses, afin de former un *encroix* sur la moitié de la chaîne ou, autrement dit, au travers des fils qui doivent tra vailler, l'autre moitié devant rester en fond et ne devant pas être comptée. Au moyen de cet encroix, la liseuse compte, d'après le dessin qu'elle a sous les yeux et avec la plus grande facilité, la quantité de fils qu'il faut lever, et donne, au travers des lisses (voyez planche 7, figure 2, lettre U), la levée de ces fils à la brocheuse placée en face, ayant devant elle l'étoffe et les espoulins à brocher (ainsi qu'on peut le voir planche 7, figures 1 et 2, lettre X). Lorsque la course est terminée de gauche à droite ou de droite à gauche sur toute la largeur du châle, on retire une de ces baguettes et on la repasse de nouveau pour faire un nouvel encroix en suivant la marche du croisé, et on recommence la lecture en comptant les fils sur cet encroix avec autant de célérité qu'on compte les cordes sur le semple dans le lisage ordinaire.

Pour quiconque connaît un peu le métier, il est facile de concevoir, qu'avec un peu d'habitude on peut aller aussi vite par ce moyen qu'avec celui qu'on emploie par le lisage à la mécanique ; seulement il faut une liseuse pour chaque brocheuse ainsi qu'un double de la mise en carte, tandis qu'avec la mécanique, si le dessin se répète sur la largeur du châle, il n'en faut qu'une pour les 2 brocheuses. Néanmoins, j'aurais continué de faire fabriquer par ce procédé, si j'avais pu faire les dessins de toutes les largeurs qui m'étaient demandées.

Toutefois, si on parvenait à fabriquer cet article en France, il est présumable qu'on ne se bornerait pas à ne faire que des dessins sur de grandes dimensions; on ferait sans doute, comme sur les châles français, des dessins à répétition. On conçoit alors toutes les facilités que l'on aurait pour faire confectionner ces produits dans les villages des environs de Lyon, de Nîmes, de St.-Quentin, de Reims, etc., où on trouve une immense quantité de métiers à tisser. On conçoit aussi les avantages qui résulteraient, pour cette population chômant d'ouvrage fréquemment, d'un travail qui viendrait s'ajouter à celui qu'elle possède déjà.

CHAPITRE XIII.

Des procédés français comparés aux procédés indiens. — Avantages de notre système de fabrication.

Je crois inutile de rappeler ici les nombreux perfectionnements qui ont été apportés, à Paris, dans le travail indien. Il suffira de dire que les procédés qui furent employés dans l'origine étaient beaucoup plus compliqués (comme dans tout ce qui commence), puisqu'il fallait un ouvrier très-intelligent, que l'on payait à raison de 4 francs par jour, pour diriger ce travail, et qu'il suffit aujourd'hui d'un adulte auquel on donne 1 franc, pour obtenir le même résultat. Il s'ensuit donc que les améliorations qui ont été apportées dans cet article sont dans les proportions de 75 pour 100.

Si je rappelle dans ce qui va suivre une partie de ce que j'ai déjà dit relativement au travail indien, ce ne sera que pour mettre les deux systèmes en présence, afin de faire ressortir la supériorité de nos procédés.

Ainsi, j'ai déjà dit que l'ouvrier indien avait un grand nombre de fuseaux couchés horizontalement sur le devant de l'étoffe, entassés les uns sur les autres, et qu'il était obligé de choisir sur ce nombre les fuseaux qui quittaient ou qui devaient travailler; ce mélange confus, lent à débrouiller, nous l'avons remplacé par une planche percée d'un nombre de trous suffisant pour y planter debout tous ces fuseaux, connus en France sous la dénomination d'espoulins. Ces espoulins, en fil de fer, de 8 centimètres de longueur et 2 millimètres de grosseur, sur lesquels est enroulé le broché cachemire (voyez planche 5, figure 15), sont placés dans ces trous les uns devant les autres. Selon la couleur qui doit travailler, on les prend et on les remet en place, après avoir broché, à une distance de 3 rangées de trous (ainsi qu'il est indiqué planche 5, figure 9), de sorte que les espoulins suivants se présentent pour ainsi dire sous la main, tout choisis, au fur et à mesure qu'ils doivent travailler : ceux qui doivent cesser sont mis en arrière dans les trous disposés pour cela (voyez planche 5, figure 9 de 1 à 1), avec la même facilité et de manière à ne pas embarrasser ceux qui restent. Cet arrangement, qui évite toute confusion, tout désordre, et place chaque espoulin sous la main de l'ouvrier sans qu'il ait à chercher, procure une vitesse dans le travail qui est double au moins de celle des Indiens.

Un autre retard que l'ouvrier indien éprouve, résulte aussi dans son procédé de lisage. Le maître-ouvrier, placé au milieu de ses deux compagnons, ayant sous les yeux le cahier sur lequel est écrit le dessin, est obligé, en travaillant lui-même, d'annoncer d'abord chaque couleur, de quitter ensuite cette lecture pour choisir lui-même l'espoulin qu'il doit brocher; et, lorsqu'il est parvenu à trouver parmi les autres celui qu'il doit prendre, il est encore obligé de compter les fils de chaîne, un à un, avant de pouvoir piquer et passer son espoulin; il faut ensuite qu'il vienne reprendre sa lecture à l'endroit où il l'a quittée, afin de faire brocher l'espoulin qui vient après: tandis que par nos procédés les fils sont comptés à l'avance par la liseuse, de sorte que, mettre le pied sur la marche pour faire lever les fils, prendre l'espoulin qui se présente tout choisi sous la main de l'ouvrier et le passer sous la levée de la chaîne, ne sont pour ainsi dire qu'un seul mouvement, qui a lieu instantanément. Il en résulte de notre lisage ainsi préparé à l'avance une célérité dans le travail qui est double au moins de celle des Indiens; et si l'on ajoute à cette double célérité celle que nous obtenons dans le triage des espoulins qui est aussi du double, il en résulte évidemment que nous pouvons accélérer le travail deux fois plus vite qu'eux; ce qui revient à dire, que nous pouvons faire dès aujourd'hui, avec nos procédés actuels, autant d'ouvrage, avec deux enfants et un adulte, que les Indiens avec neuf de leurs ouvriers les plus adroits.

On m'a assuré que les Indiens étaient d'une habileté remarquable à compter leurs fils et à choisir leurs espoulins. Je veux bien le croire; mais il n'est pas moins vrai qu'il faut toujours un certain laps de temps qu'ils ne peuvent éviter, quelle que soit d'ailleurs la dextérité de leurs ouvriers. Mais cette habileté que je comprends et qu'ils acquièrent par la grande habitude, nos ouvriers l'acquièrent aussi dans notre système ; et certes, pour quiconque connaît un peu le métier, il est facile de se rendre compte des avantages que nous avons sur eux. D'ailleurs, le retard que ces ouvriers éprouvent pour trier leurs espoulins et compter leurs fils n'est pas le seul obstacle qui arrête chez eux la célérité du travail ; c'est aussi le passage des espoulins d'un demi-centimètre de grosseur au travers de la chaîne, dont les fils non-seulement sont tellement rapprochés qu'ils forment une espèce de tissu, ainsi qu'on peut le voir planche 3, figure 2, mais encore sont si faibles et si fortement tendus qu'en forçant le passage pour piquer et sortir ces espoulins, ils en arrachent beaucoup et obligent l'ouvrier à les rattacher à chaque instant, et amènent un inconvénient qui détruit en partie la beauté des tissus ; ce qui n'existe pas dans nos procédés, puisqu'au moyen de la mécanique, à chaque coup, la quantité de fil qu'il faut brocher est levée au moyen de la marche que fait mouvoir l'ouvrier avec son pied à la hauteur nécessaire pour que le passage de l'espoulin se fasse sans toucher les fils de la chaîne (voyez planche 5, figure 11, lettres KK). Ces avantages viennent augmenter encore ce que je viens d'indiquer sur la célérité de notre système qui nous permet de fabriquer deux fois plus vite que par les procédés indiens. En conséquence, il s'agit d'établir la différence qui doit exister dans le prix de la main-d'œuvre relativement à celle que nous payons en France, afin de faire connaître les avantages qui pourraient en résulter pour nos fabriques.

CHAPITRE XIV.

Du prix de la journée dans l'Inde comparé à celui que nous payons en France pour un produit analogue.

D'après des renseignements que je crois très-exacts, puisqu'ils ont été pris sur les lieux mêmes où l'on fabrique les châles, l'ouvrier tisseur indien, selon son habileté, gagne 6 à 8 roupies par mois, ou de 40 à 65 centimes par jour; et c'est avec ce modique salaire qu'il subvient à ses besoins et à ceux de sa famille.

Or, en faisant une large part à la fabrication indienne et en réduisant d'un tiers l'évaluation de la célérité de nos procédés (quoique j'aie acquis la conviction, d'après un des métiers de l'Inde qui est en ma possession, que nos moyens comparés de production sont plus du double), j'admets encore, contre toute probabilité, que 3 de nos ouvriers ne fassent pas plus d'ouvrage que 6 des leurs, et fixant même à 40 centimes par jour le prix de la journée qui est le minimum de celle que l'on paye à l'ouvrier indien le moins habile.

Il en résultera que 6 ouvriers indiens, à 40 cent. chacun, coûteront par jour, 2 fr. 40 c.

3 de nos ouvriers coûteront :

Pour l'adulte...........................	fr.	1 20
Pour les 2 enfants à 60 c. chacun.......		1 20
Total..................		2 40

Il s'ensuivrait donc que, même en cotant des prix plus élevés que ceux que l'on paye aux enfants et aux adultes dans certaines contrées de la France, nous pourrons encore à ce prix établir une concurrence avantageuse ; car les châles des Indes, avant d'arriver en Europe, traversent un pays immense, et payent des droits assez élevés, lors de leur passage dans certaines provinces de l'Indoustan : arrivés en Europe, ils ont encore de nouveaux droits à payer ; et si l'on ajoute à tous ces droits le bénéfice que doit retirer le fabricant indien, quelque minime qu'il soit, il en ressortira un chiffre qui suffirait grandement au bénéfice de notre fabrication. En outre, ces bénéfices peuvent s'accroître encore de toutes les améliorations des moyens mécaniques dont on pourrait disposer, et dont nous pourrions trouver la mesure dans la fabrication de nos châles français, en se livrant avec persévérance à la fabrication des châles travail de l'Inde. Car personne ne peut mettre en doute les progrès qui ont été faits dans le tissage, en bien peu d'années, par l'emploi de la mécanique Jacquart. On a pu voir, par le battant brocheur, la possibilité de faire passer simultanément sous la chaîne plusieurs espoulins à la fois. On connaît aussi cette admirable machine à fabriquer le tulle, où une innombrable quantité de galets chargés de soie, passant tous à la fois tout au travers de la chaîne, viennent se crocheter d'eux-mêmes et former la maille, ainsi que le dessin que l'on obtient au moyen d'une jacquart artistement ajustée à ce beau mécanisme. Dès lors, qui pourrait douter que le travail indien, encore très-peu connu, dans lequel il s'agit de faire passer autour de la chaîne une bien moins grande quantité de galets que pour fabriquer le tulle, qui pourrait douter, dis-je, que ce travail ne se ferait pas un jour mécaniquement si on se mettait à l'œuvre? Il suffirait, je pense, que l'on pût trouver de l'avantage à ce genre de fabrication, et qu'un mécanicien habile voulût bien étudier toutes les difficultés de ce travail : car, il faut le dire, un très-petit nombre de fabricants, et pas un seul mécanicien, ne s'en sont encore occupés; et cependant, si l'on peut en juger par les procédés que je viens d'indiquer, comparés à ceux de l'Inde, des progrès remarquables ont déjà été faits. Il ne s'agirait plus maintenant que de suivre cette industrie, qui pourrait occuper un grand nombre d'ouvriers, puisque la consommation de la France seule, calculée d'après les arrivages des châles de l'Inde, pourrait occuper 2,000 métiers ou environ 10,000 ouvriers. Or, une industrie de cette importance ne peut pas être sans intérêt pour nos manufactures.

CHAPITRE XV.

Des obstacles qui ont paralysé la fabrication des châles espoulines en France. — Résumé.

On pourrait être étonné, d'après tout ce que je viens de démontrer, qu'ayant à lutter contre une fabrication qui est tout entière à l'état d'enfance, nous ne soyons pas encore parvenus à obtenir tout le succès qu'il était permis d'espérer, surtout après avoir obtenu dans cette partie des perfectionnements aussi importants que ceux que je viens de signaler. Ces réflexions, qui découlent tout naturellement des motifs que je viens d'exposer, demandent une solution que je vais essayer d'expliquer.

Dès que les châles des Indes parurent, le genre de dessins inconnus jusqu'alors surprit par son originalité ; le travail si riche, si extraordinaire, et l'étoffe si douce et si agréable furent les causes que la mode s'en empara avec avidité. Il s'établit tout aussitôt un préjugé presque fabuleux sur les mystères qui nous cachaient cette fabrication et sur l'impossibilité où nous étions de fabriquer ces châles en France. Ce préjugé prit une faveur d'autant plus grande, que les premiers essais faits à Paris furent, comme tout ce qui commence, très-éloignés de leurs modèles. Cependant il y avait dans ces essais, par l'application de nos moyens mécaniques, tous les éléments d'une fabrication bien supérieure, soit dans la perfection de nos tissus, soit dans la régularité de nos dessins. Et cependant une des principales causes qui fit repousser nos produits fut précisément cette perfection, qui donnait à nos châles un caractère particulier : de sorte que de ce préjugé, joint à la nécessité dans laquelle se trouvèrent engagés les fabricants de faire continuellement de nouveaux essais pour simplifier leurs procédés, afin de soutenir la concurrence des châles des Indes dont la valeur diminuait tous les ans à cause des nombreux arrivages de ces produits en Europe, il s'ensuivit des pertes et un découragement qui paralysa l'essor de cette nouvelle industrie, et que tous ceux qui avaient entrepris cette fabrication, n'y ayant trouvé que des mécomptes, se trouvèrent dans la nécessité de l'abandonner.

Depuis plus de dix ans, resté presque seul à poursuivre avec persévérance les améliorations que je désire pouvoir introduire dans cette riche industrie, j'espère encore que l'on pourrait exonérer la France des 3 ou 4 millions que notre commerce paye annuellement à un peuple qui ne consomme aucun de nos produits en échange des siens, et faire ainsi profiter nos ouvriers de ce capital, et leur éviter des chômages dont ils ne sont que trop souvent affligés.

C'est en se mettant tous à l'œuvre que nous parviendrons à nous emparer promptement de l'industrie cachemirienne; et afin de pouvoir offrir à la consommation des assortiments suffisants et complets de châles à des prix variés, il est indispensable que les fabricants de Lyon et de Nîmes viennent soutenir ceux de Paris, en fournissant, comme ils le font pour les châles français, ceux que les prix élevés des salaires à Paris ne permettent pas de fabriquer.

Les procédés que je livre à la publicité ne peuvent pas être le privilége exclusif de quelques fabricants. Ces procédés sont simples, peu dispendieux, ils sont tout trouvés, et par conséquent plus d'école à faire, si ce n'est pour former des ouvriers; et ces ouvriers, qui ne sont en grande partie que des enfants, peuvent arriver à exécuter ce travail en très-peu de temps. La dépense pour chaque métier, en y comprenant la matière nécessaire à son alimentation, ne peut s'élever, à Paris ou dans les environs, au-dessus de 900 francs par an, et elle peut être bien inférieure dans les campagnes éloignées de la capitale, où la journée des jeunes filles et des enfants est d'un prix beaucoup moins élevé. Or, il faudrait qu'un métier produisît bien peu de travail dans le cours d'une année, pour ne pas couvrir des frais aussi minimes; et le fabricant qui se livrerait à ces essais et y apporterait le fruit de son intelligence, pourrait le faire sans craindre de compromettre ses intérêts d'une manière sérieuse.

C'est aux plus hardis, à ceux qui pourraient être

les mieux renseignés sur les dessins et le genre qui convient à cette fabrication, à s'élancer les premiers dans cette voie nouvelle.

Toutefois, je dois dire que les fabricants de châles de Paris sont en position d'obtenir les plus prompts et les meilleurs résultats. Ils ont sous la main des chefs d'atelier intelligents, qui peuvent disposer à très-peu de frais d'une partie des métiers inoccupés, et qui pourraient dresser les enfants à ce travail avec la plus grande facilité. Ils peuvent avoir sur les lieux toutes les matières convenables en cachemire doublé pour chaîne et pour brocher. Ils peuvent connaître les besoins de tous les articles qui manquent sur la place de Paris, et dont le débit pourrait être assuré. De sorte qu'il ne leur manque plus maintenant, au moyen des procédés que je livre à la publicité, que la volonté de se mettre à l'œuvre. Le moment est favorable, car les Indiens paraissent s'éloigner tous les jours de la perfection qu'ils pourraient introduire dans leurs produits; leurs châles sont maintenant lourds, épais, et n'ont plus cette souplesse et ce moelleux que l'on admirait autrefois; leurs dessins n'ont plus aussi ce caractère léger, gracieux, que l'on remarquait dans le jeté des tiges et l'attache des fleurs; on dirait même que leurs dessinateurs ne visent plus qu'à l'effet par de larges fonds de diverses couleurs dans lesquels ils jettent des feuillages à deux ou trois couleurs seulement; ces fonds sont traversés dans tous les sens par d'autres fonds opposés qui viennent en serpentant papilloter à l'œil et détruire l'effet du galbe primitif, de manière à ne pouvoir plus le reconnaître.

Fort heureusement nos dessinateurs n'ont pas voulu les suivre dans ce genre rétrograde; ils ont su créer d'autres effets, agrandir et perfectionner les ornements qui conviennent à ces produits, de manière à n'avoir plus besoin de modèles étrangers. Nos dames, qui ne voulaient auparavant que des copies exactes du châle indien, ont su rendre justice à ces perfectionnements, et maintenant elles préfèrent nos compositions toutes françaises. Il est supposable qu'il en serait de même si elles pouvaient comparer la supériorité de notre fabrication avec celle des Indiens. Dans tous les cas, le préjugé est à moitié détruit, et il ne dépend que de nous de le faire disparaître entièrement en faisant mieux que nos rivaux dans toutes les parties de cette fabrication.

Je dois dire, cependant, que la plupart des fabricants, et même, je le dis à regret, quelques-uns des plus célèbres, sont convaincus de l'impossibilité de pouvoir vaincre ce préjugé. Toutefois il s'agit de se reporter un peu en arrière pour reconnaître l'erreur d'une pareille opinion; car rien n'était beau dans le temps comme les châles viennois; l'engouement de nos dames pour ces châles étrangers était extrême. Il en fut de même, quelque temps après, pour les châles anglais que la chute de l'empire nous fit connaître. On doit se rappeler encore l'avidité avec laquelle toutes nos dames recherchaient à cette époque les étoffes venant d'Angleterre. Nos fabriques étaient encore à l'état d'enfance, et les étoffes anglaises étaient, en effet, bien supérieures aux produits similaires que nous fabriquions alors. Voilà pourquoi rien n'était beau comme ce qui provenait de ce pays. Mais aussitôt que la paix eut ramené le calme dans les esprits, et qu'il fut permis à chacun d'embrasser la carrière à laquelle il paraissait destiné, on vit surgir de toutes parts de jeunes talents qui vinrent peupler nos manufactures, et les élever au rang distingué qu'elle occupent maintenant en Europe. Depuis lors, nous avons lutté avec avantage sur tous les articles de nouveauté fabriqués à l'étranger, et la génération actuelle ne se doute même pas des préjugés qui ont existé sur les châles et sur les étoffes anglaises, parce que depuis longtemps nous faisons mieux que nos rivaux, et que depuis longtemps nous avons fait disparaître ce préjugé.

Ainsi, faisons mieux, afin de pouvoir lutter avec avantage contre la fabrication de l'Inde. Faisons mieux et à meilleur marché, si nous voulons l'écraser complétement.

En conséquence, et d'après toutes les preuves que je viens de citer, et dont l'authenticité ne peut être contestée, il ne peut exister le moindre doute dans l'esprit de qui que ce soit sur la supériorité de nos procédés, puisque le lisage des dessins, le tissage des châles, le filage du cachemire, la teinture, le dessin, et tout ce qui constitue l'industrie cachemirienne est encore à l'état d'enfance, et que, dans toutes les parties de cette fabrication, nos moyens mécaniques nous permettent de faire mieux et à aussi bon marché que nos rivaux.

Il serait donc très-important pour notre commerce, que les fabricants de châles de Paris, de Lyon et de Nîmes, dont les produits sont en souffrance depuis quelques années, voulussent bien entreprendre cet article, afin d'augmenter la sphère du travail national, et d'éviter à leurs nombreux ouvriers un chômage dont on ne peut trop souvent prévoir les funestes résultats.

C'est dans ce seul but que je me suis permis de publier le fruit de mes recherches, heureux si elles peuvent être de quelque utilité à mon pays.

Planc

C D A B

1

1809

C D A B

3

1816

E F

5

1818

7

1823

2

4

6

8

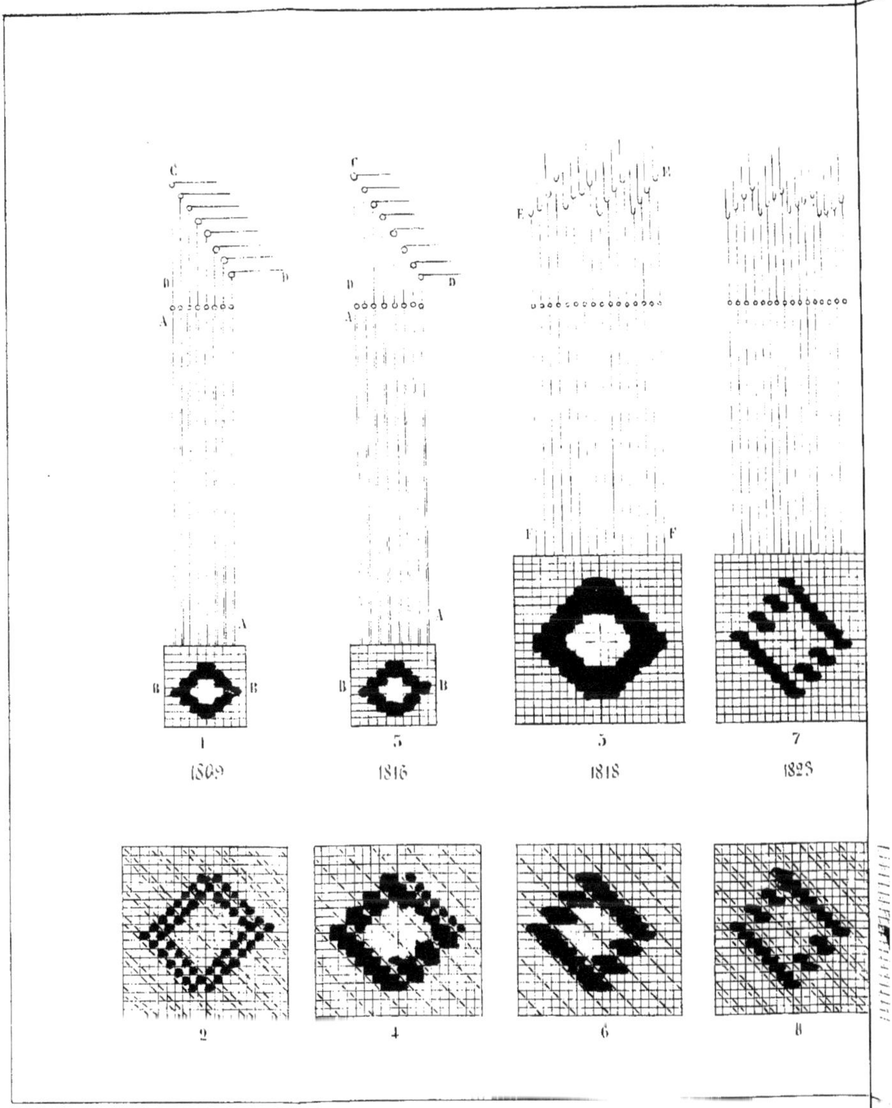

Planche 1ère

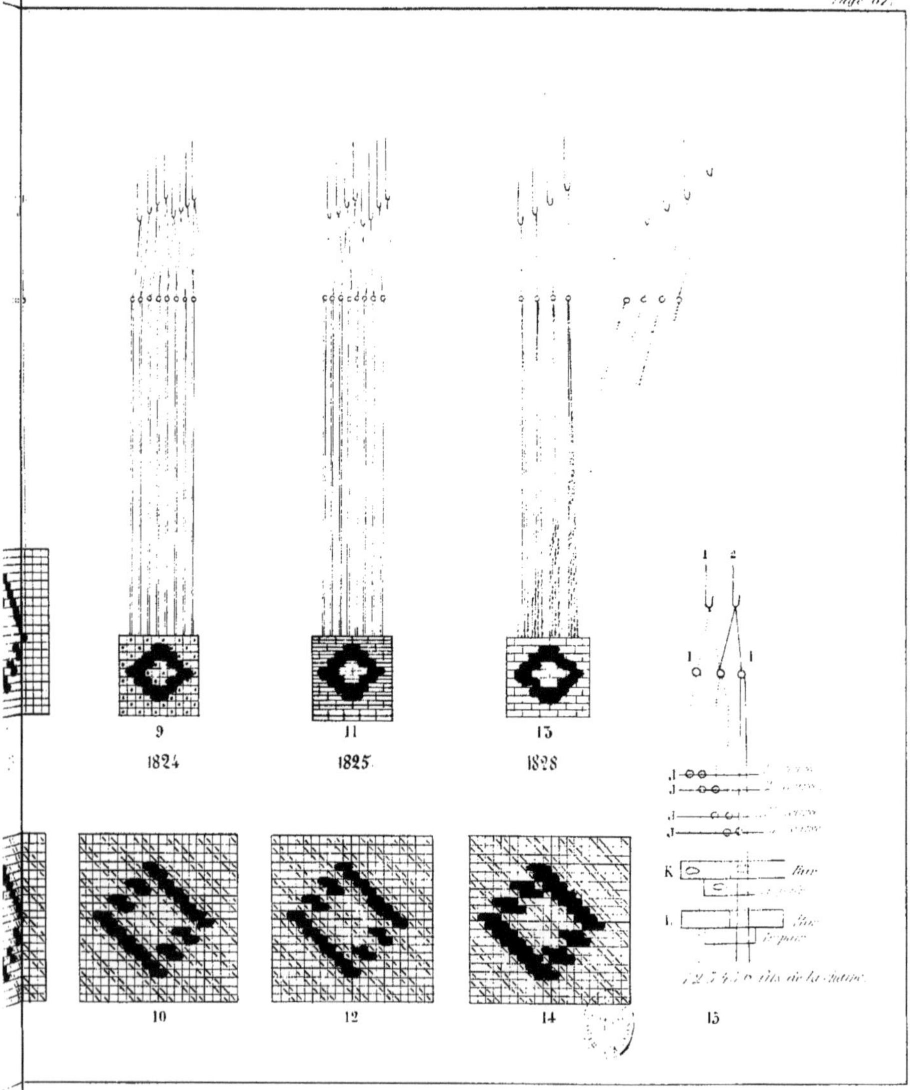

9

1824

11

1825

13

1828

1 2

1 1

J
J
J
J
K
L

10

12

14

15

EXPLICATION DES PLANCHES.

PLANCHE I.

La *figure* 1 représente le papier réglé B, qui servait en 1809, à la mise en carte des dessins de châles, les traits D figurent les cordes de la *rame* passant sur les poulies C des métiers à *la tire*. Les fourches A attachées à la rame D viennent tirer deux fils qui sont censés venir figurer dans chaque carreau de la carte B, de sorte que chaque corde tire deux fils de la chaîne.

La *figure* 2 représente le travail par fil qui a été opéré par la tire de la *figure* 1, tel qu'il était alors rendu sur les châles au moyen des lisses de rabat. Le tissu du fond était croisé, et le liage de la fleur en fond toile, c'est-à-dire que chaque corde faisant lever deux fils, la lisse en rabattait toujours un pour consolider la couleur lancée formant le dessin.

Ce travail, ainsi que le représente cette figure, n'ayant pas de grain saillant, absorbait la vivacité des dessins.

En 1816, on se servait encore des mêmes procédés

de mise en carte, ainsi qu'il est indiqué *figure* 3 ; mais à cette époque on changea le liage de la fleur qui fut remplacé par le sergé ; ce travail, représenté *figure* 4, détruisait en partie les liserés de chaque objet en formant des petits points, tantôt sur les bords de chaque fleur, de manière à couper le sillon et à le figurer de deux couleurs, ainsi qu'on peut le remarquer dans le jaune et le bleu, et dans le bleu et le blanc de la *figure* 4.

En 1818, la mécanique Jacquart vint augmenter du double le travail de la mise en carte, par la raison qu'il fallait encarter par fil correspondant à chaque aiguille ou crochet de la mécanique, de la manière que je l'ai représenté *figure* 5. Chaque crochet E tirait une fourche F correspondant à un fil représenté par chaque carreau de la carte ; et, comme il n'y avait pas à cette époque des lisses de rabat, le liseur était obligé de piquer le croisé sur les cartons en même temps que le dessin. De sorte que les défauts que j'ai signalés *figure* 4 existaient comme aux métiers à la tire.

Cependant, quelques dessinateurs, par un travail beaucoup plus compliqué, marquaient le croisé sur la carte, ainsi qu'il est indiqué *figure* 6, et ils remplissaient ainsi chaque sillon par une seule couleur, de manière que le liseur n'avait qu'à suivre le travail qui était ainsi tout tracé. et on obtenait par ce moyen un croisé parfait.

La *figure* 7 indique le procédé employé en 1823 par

M. Eck, imitant parfaitement le croisé de l'Inde par deux fils. Le dessinateur était obligé de peindre ainsi le travail de tous les fils de la chaîne, tel qu'il est représenté *figure* 8, et tel que quelques dessinateurs l'avaient pratiqué avant lui, tout naturellement, afin, de pouvoir les faire sur les mécaniques à la Jacquart.

La *figure* 9 représente le papier pointé tel que je l'ai combiné en 1824 ; on peut remarquer que le travail de mise en carte, *figure* 8, et celui pour la Jacquart, *figure* 6, est diminué de moitié, puisqu'avec une dixaine de la carte pointée, *figure* 9, on obtient le résultat de la *figure* 10, qui est le double plus grande, et ce résultat est absolument semblable à celui obtenu *figure* 8.

Le papier pointé, *figure* 9, est la conséquence de l'enfourchement et de la combinaison du travail des fils représentés *figure* 13. On peut remarquer que le crochet n° 1 de cette figure fait lever les quatre fils de la course pair, pointés, et les lisses de rabat J font baisser à la première course les fils n°s 1 et 2, et à la seconde course les fils 3 et 4.

Le crochet n° 2 fait lever à la course impair les quatre autres fils, qui, au moyen de l'enfourchement I, vient prendre deux des fils pointés que le crochet n° 1 venait de tirer, ainsi que les deux fils au trait noir qui viennent, à leur tour, baisser à la troisième course le 3me et le 4me fils et à la 4me course le 4me et le 5me fil qui viennent retrouver le raccord et la suite du croisé.

Les points que j'avais mis sur ma première carte

formant sur l'ensemble du papier un pointillage fond toile, figurait les deux premiers fils K attachés au crochet n° 1 de la course pair, et la prise des deux premiers fils K attachés au crochet n° 2 de la course impair.

Plus tard, en enlevant les points ou anneaux K, qui devenaient inutiles au dessinateur, il n'est resté que le briquetage L : voilà pourquoi cette carte porte le nom de *pointé briqueté*.

Par suite de la course représentée sur la *figure* 11 par deux lignes en travers de chaque brique, pour indiquer que ces deux coups peuvent se faire par le même carton, je parvins en 1825 à opérer ce retour avec facilité, et à obtenir, en supprimant la moitié des cartons, le travail de la *figure* 12, qui est en dessous et semblable en tout point à celle *figure* 10.

La *figure* 13 indique l'enfourchement de la mécanique brisée qui fut inventée par Bosche. Les fourches pointées indiquent la course pair, et les fourches au trait noir indiquent la course impair, conformément au papier briqueté qui en est la source.

La *figure* 14 représente le résultat de cet enfourchement qui est le même qu'aux *figures* 10 et 12, seulement le liage de la fleur est peint ici, comme on le fait depuis longtemps sur les châles français, par un sergé de 3 et 1 et le fond 2 et 2, afin d'obtenir plus de vivacité.

Planche 2.

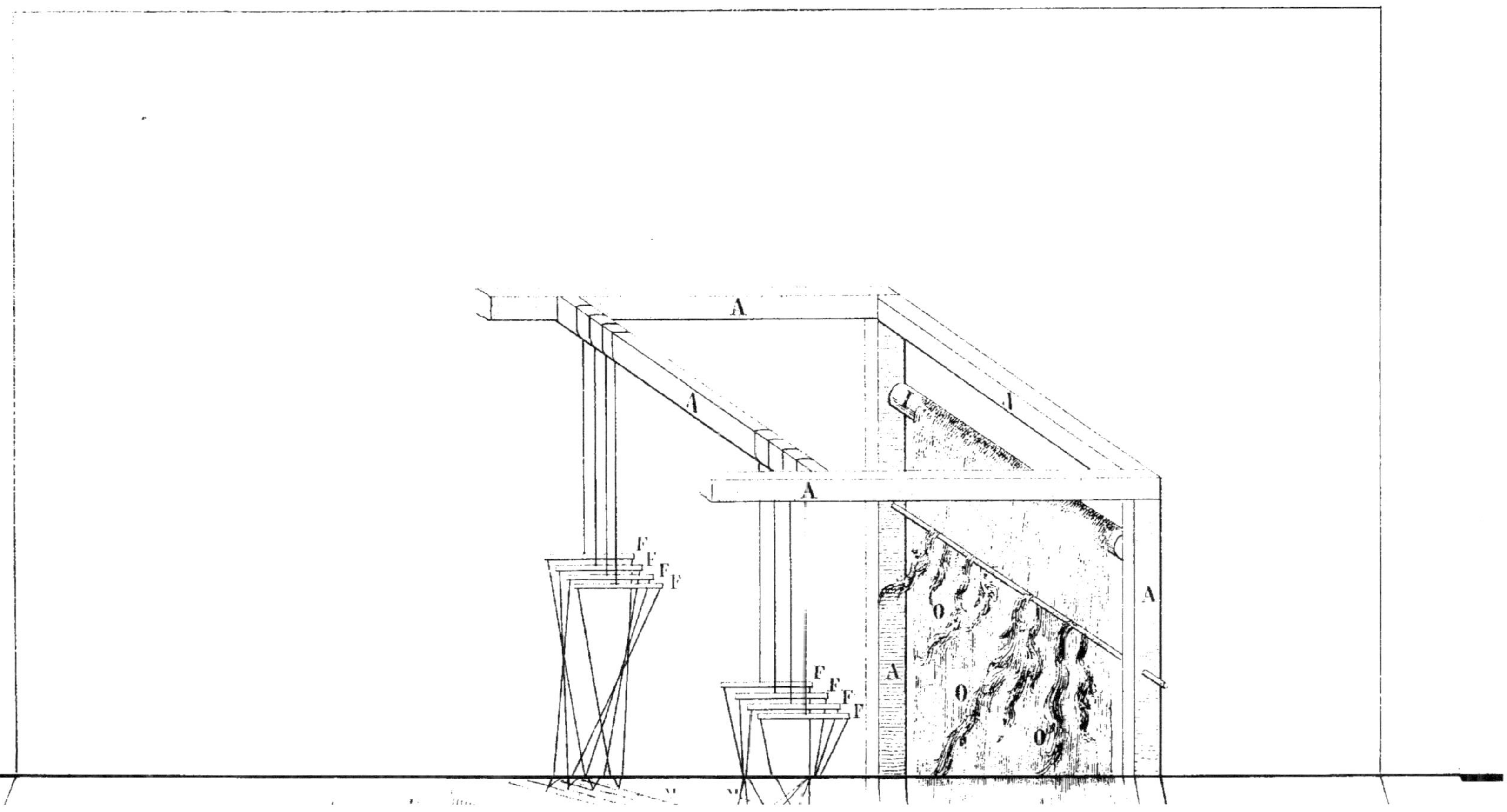

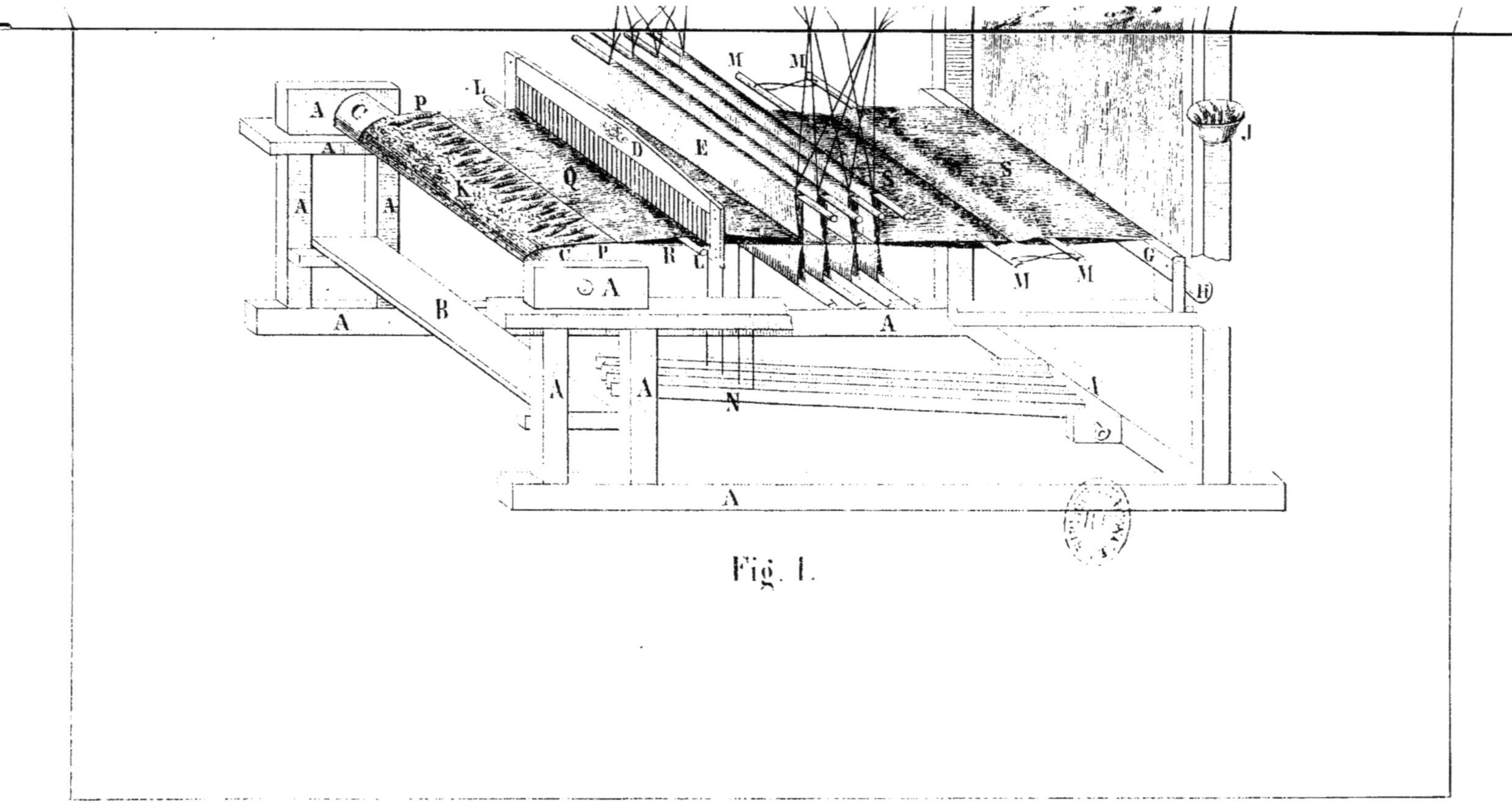

Fig. 1.

PLANCHE II.

La *figure* 1 représente le métier indien dans toute sa simplicité. Le bâti A du métier est disposé de manière à recevoir la chaîne qui est ployée sur le rouleau I, et descend perpendiculairement jusque sur un second rouleau H, d'où elle remonte en contre-bas sur la traverse G, afin de lui donner une forte tension. A partir de cette traverse, elle vient horizontalement passer dans les lisses E et le peigne D, pour fabriquer l'étoffe K, qu'on enroule ensuite sur l'ensouple C.

L'ouvrier indien assis sur la banquette B commence par faire baisser la moitié de la chaîne S, au moyen des marches N et des bricoteaux F, qui font baisser deux lisses E. Ces deux lisses, dans lesquelles passent les fils de la chaîne, forment alors une ouverture R au travers de laquelle passe une baguette L. Cette baguette sépare la chaîne par moitié et laisse voir en dessus la partie Q qui doit travailler. C'est sur cette partie de la chaîne que l'ouvrier indien broche les couleurs ; il prend de la main gauche, pour venir brocher sur la droite, l'espoulin P, et avec la pointe de cet espoulin il compte les fils, ainsi qu'on peut le voir planche 3, *figure* 1, lettre P ; il pique l'espoulin à l'endroit où il compte les fils et le fait sortir de dessous le nombre indiqué par le liseur ; il vient ensuite le coucher sur l'étoffe K ; mais pour marquer le point de chaînette, il faut qu'il cherche parmi tous ceux qui sont entassés sur l'étoffe celui qui doit travailler, afin de le passer devant, pour former le crochetage du broché, ainsi qu'il est indiqué planche 6, *figure* 15, représentant le procédé français.

Lorsque tous les espoulins de P à P qui devaient être pris ont travaillé, l'ouvrier retire la baguette L, fait baisser deux autres lisses E, en suivant la marche du croisé, et repasse de nouveau la baguette pour recommencer le passage des espoulins de droite à gauche, et ainsi de suite pour continuer le travail.

Quoique les espoulins ne soient pas très-gros, puisqu'ils n'ont que 5 millimètres à l'endroit où est enroulé le cachemire, il faut les piquer et les faire sortir au travers les fils de la chaîne, qui sont très-tendus et tellement rapprochés les uns des autres qu'ils forment une espèce de tissu, ainsi qu'on peut le voir planche 3, *figure* 2; de sorte que pour former le passage de ces espoulins au travers de ce tissu, il en résulte un frottement qui use les fils et finit par les casser, quelle que soit d'ailleurs leur élasticité. C'est pour cela qu'ils ont devant eux cette tringle chargée d'un grand nombre de bouts de fils de chaîne O, destinés à les rattacher : c'est à cause de cela aussi que l'on aperçoit dans les parties de leurs châles où il n'y a pas de fleurs une grande quantité de fils cassés, lâches, ou mal raccommodés, qui rendent leurs fonds unis très-imparfaits.

PLANCHE III.

La *figure* 2 de cette planche indique de quelle manière le liseur indien place son dessin sous la chaîne, afin de pouvoir le lire en travaillant. Le dessin, le peigne et les fils de la chaîne sont, sur cette figure, dans les proportions voulues, c'est-à-dire dans la réduction qu'ils doivent avoir sur le châle.

Cette figure représente une portion de dessin sur fond noir qui a été calqué sur une esquisse venant de l'Inde, ayant servi à fabriquer des châles.

La *figure* 1 n'est que la représentation en grand de cette esquisse destinée à faire connaître les procédés indiens avec plus de facilité.

Ainsi, chaque dent du peigne C, *figure* 1, doit contenir quatre fils, et cependant on ne peut en distinguer que deux B passés dans chaque dent du peigne C, ces deux fils passent sur la baguette D; les deux autres qui ne doivent pas travailler afin de former le croisé, sont supposés rabattus en dessous et au repos, ainsi qu'on peut le remarquer par l'ouverture des fils E, dans laquelle passe la baguette D. La main P, tenant un espoulin, indique de quelle manière le liseur indien compte les fils sur la baguette.

Planche 3.

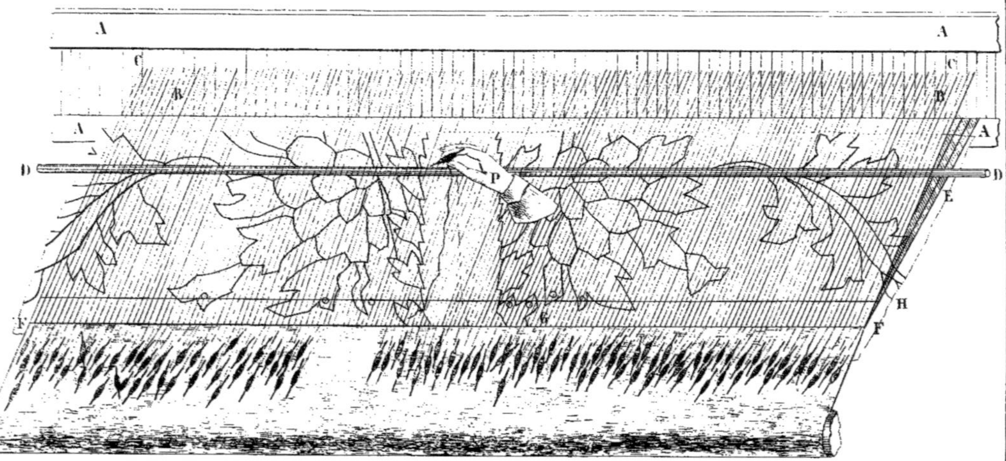

Fig. 1.

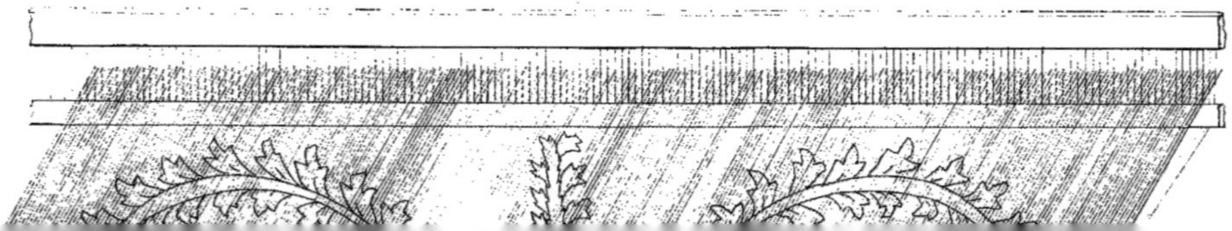

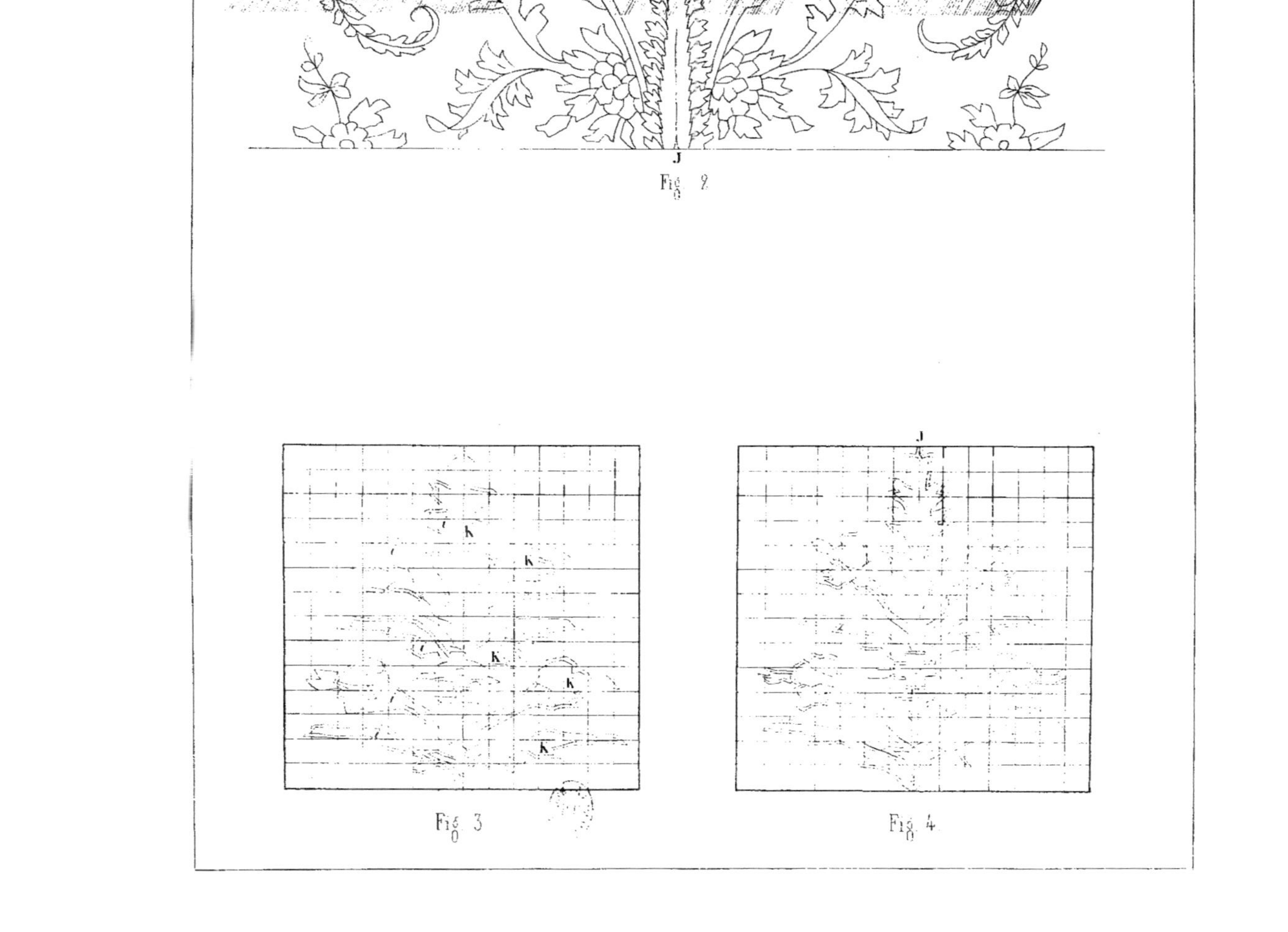

Fig. 2

Fig. 3

Fig. 4

D'après cette figure que j'indique pour être nuée sur un fond noir, on peut suivre parfaitement le travail du liseur indien et se rendre compte des procédés qu'il emploie avec la plus grande exactitude.

Ainsi, en prenant de la droite et allant sur la gauche, le coup qui vient après celui qui est figuré comme étant tissé de F à F, on peut compter jusqu'au premier trait G 64 fils, que le liseur broche d'abord et fait écrire en noir, qui est la couleur du fond, le trait noir qui vient après, indique le liséré de la petite feuille qu'il fait écrire par 2 fils jaune, et l'intérieur de cette feuille par 4 fils verts; vient ensuite le liséré du feuillage qui monte droit, qu'il fait écrire par 2 fils blancs, l'intérieur de ce feuillage par 12 fils rouges; le deuxième liséré par 2 fils blancs, l'intérieur de la petite feuille qui vient après par 4 fils verts; le liséré par 2 fils jaunes, et le restant jusqu'à la lettre F par 70 fils noirs: ce qui forme un total de 162 fils pour toute la course de F à F.

Ainsi, dans ce passage le liseur peut suivre exactement le trait du dessin et l'exécuter parfaitement sur toute la ligne; mais il n'en est pas de même en remontant sur la ligne H où l'on remarque, dans tous les passages qui sont indiqués par la lettre O, l'impossibilité dans laquelle se trouve le liseur de continuer à lisérer les feuillages, sans être obligé de faire des coups sautés, ou de prendre sur le fond à droite ou à gauche du trait; mais, alors il détruit la pointe et la finesse des feuillages, et il déplace en quelque sorte le trait de son dessin, qui n'est plus entouré par le fond à distance égale.

On peut se faire une idée de ce déplacement par le dessin que j'ai représenté *figures* 3 et 4 ; la figure 4 est faite avec toute la régularité que les dessinateurs indiens mettent dans leurs esquisses, comme celle qui a servi à fabriquer les châles dans l'Inde, dont j'ai levé le dessin que j'ai placé sous la chaîne, *figure* 2. On voit, d'après cette figure, qu'il y a une ressemblance parfaite entre les objets qui se répètent à droite et à gauche à partir du milieu J. Il en est de même de la *figure* 4, sur laquelle j'ai tiré des lignes pour indiquer la différence qu'il y a avec la *figure* 3, dont le trait a été pris avec la plus grande exactitude sur l'étoffe fabriquée. On peut remarquer que les objets de gauche marqués I, ne sont point sur la même ligne et ne sont point pareils à ceux de droite marqués K ; or, ces irrégularités ne proviennent que de l'imperfection des procédés que je viens d'indiquer, et des difficultés qui en sont la conséquence inévitable. Ces défauts sont nombreux dans tous les châles de l'Inde, il est facile de s'en apercevoir, quand on veut bien les étudier.

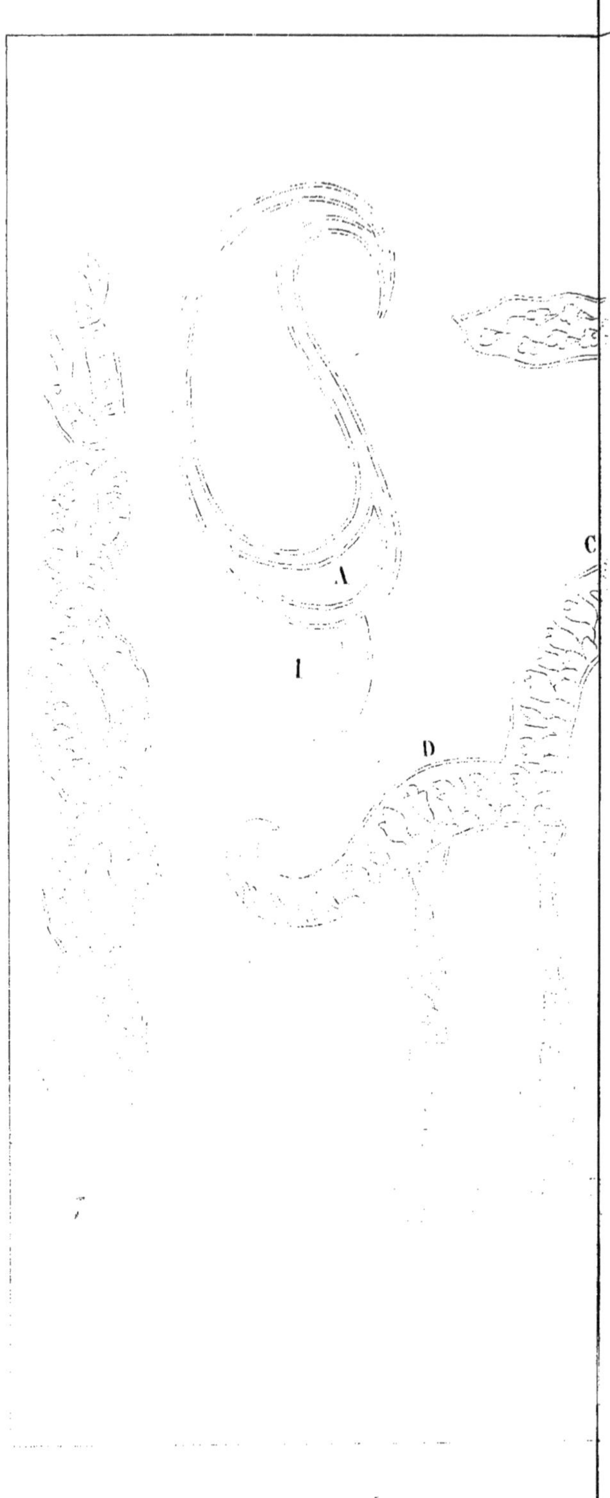
A
I
D
C

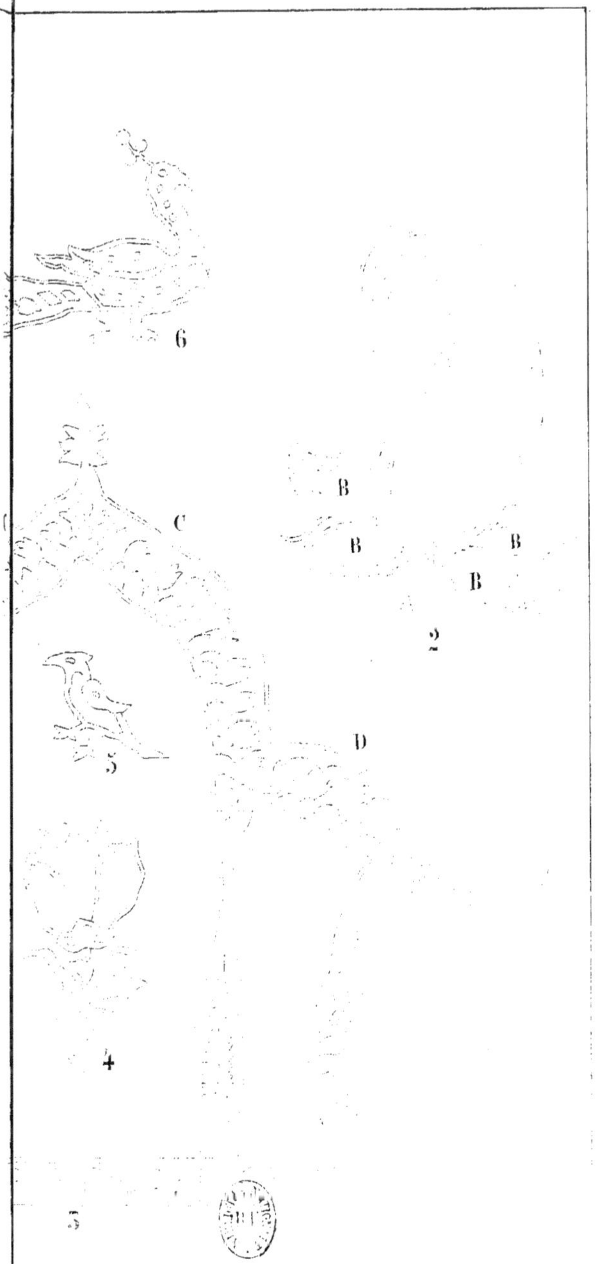

Page 77.

6

C

B

B

B

B

2

D

5

4

3

PLANCHE IV.

Les deux palmes, *figures* 1 et 2, représentent la forme du fruit appelé mangot.

Le bas de la figure 1, marqué A, indique l'enveloppe du fruit qui l'attache à la tige, et la figure 2, marquée B, indique cette enveloppe ouverte au moment de sa maturité.

La figure 3 représente une pagode dont le toit, soutenu par quatre colonnes, est parfaitement semblable au temple des Indiens. Le toit qui domine CC est destiné pour l'idole, et les deux autres DD pour le peuple. On ne distinguait ce monument (qui était placé dans le châle au milieu de palmes, de feuillages et de fleurs, et dont les contours et les colonnes étaient aussi recouverts des mêmes objets) que par la forme de son architecture.

La *figure* 6, levée sur un châle de l'Inde, a la forme d'un paon, et cependant le coloris ne ressemblait nullement à cet oiseau ; car la queue était nuée sur fond ponceau liséré amarante ; les petits objets d'intérieur étaient bleus, le cœur de ces objets jaune, et les culots verts ; les ailes en noir et bleu, le poitrail et le ventre en jaune liséré de noir ; la tête et le cou en amarante, l'aigrette bleu et noir ; de sorte qu'il ressemblait plutôt à une fleur qu'à un paon.

L'oiseau n° 5 était placé sur des branches et confondu avec des fleurs ; il n'avait aussi de l'oiseau que la forme.

La tulipe n° 4, nuée sur fond blanc et isolée des autres fleurs, semblait avoir été faite pour imiter réellement la fleur naturelle.

Quant aux serpents n° 7, malgré les petites fleurs dont la peau de ces reptiles est couverte, il est impossible de se méprendre sur leur imitation. Cette forme, que les Indiens répandent avec profusion dans leurs dessins, leur sert à rompre les lignes et la monotonie des fonds.

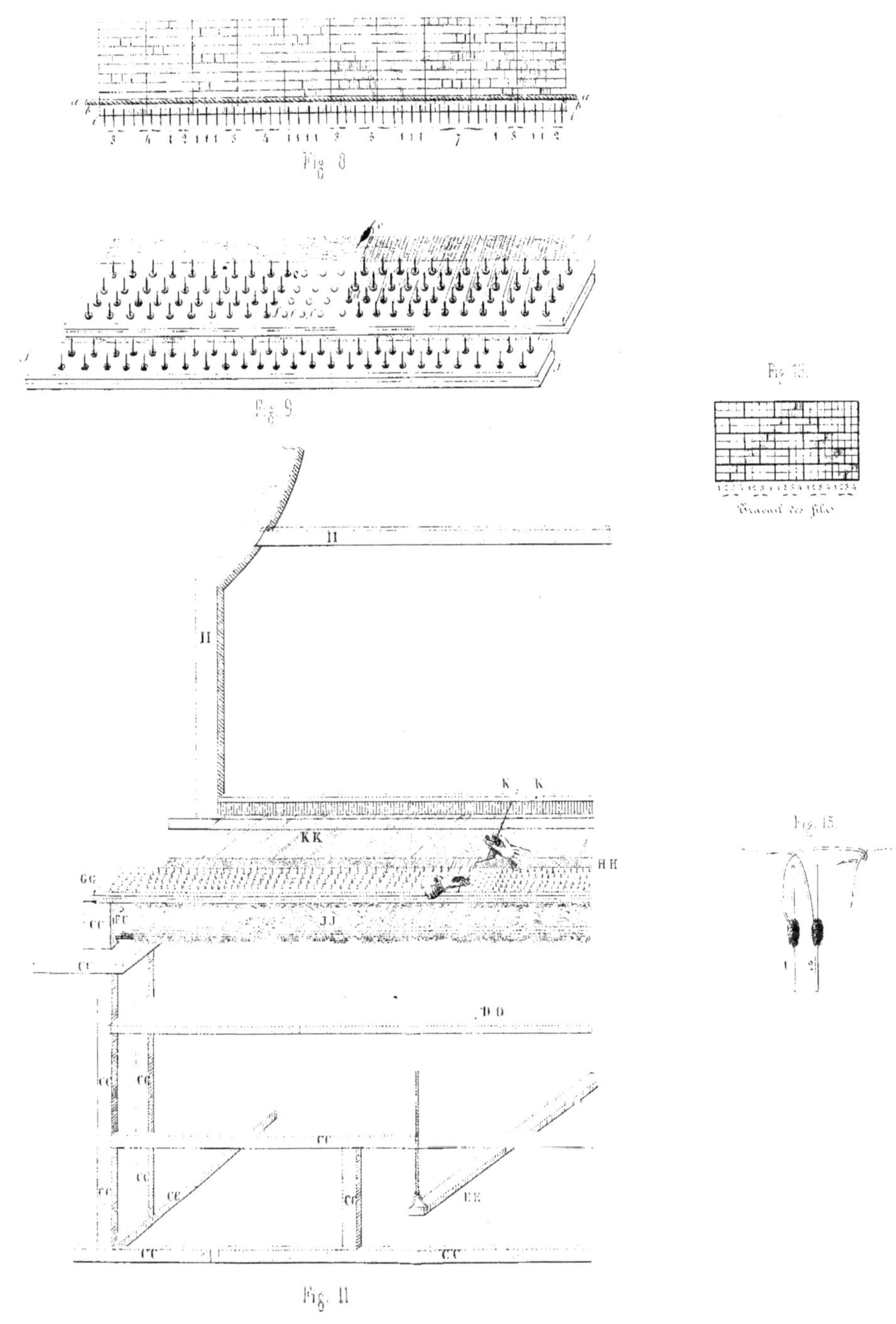

Fig. 8

Fig. 9

Fig. 11

Fig. 12

Fig. 13

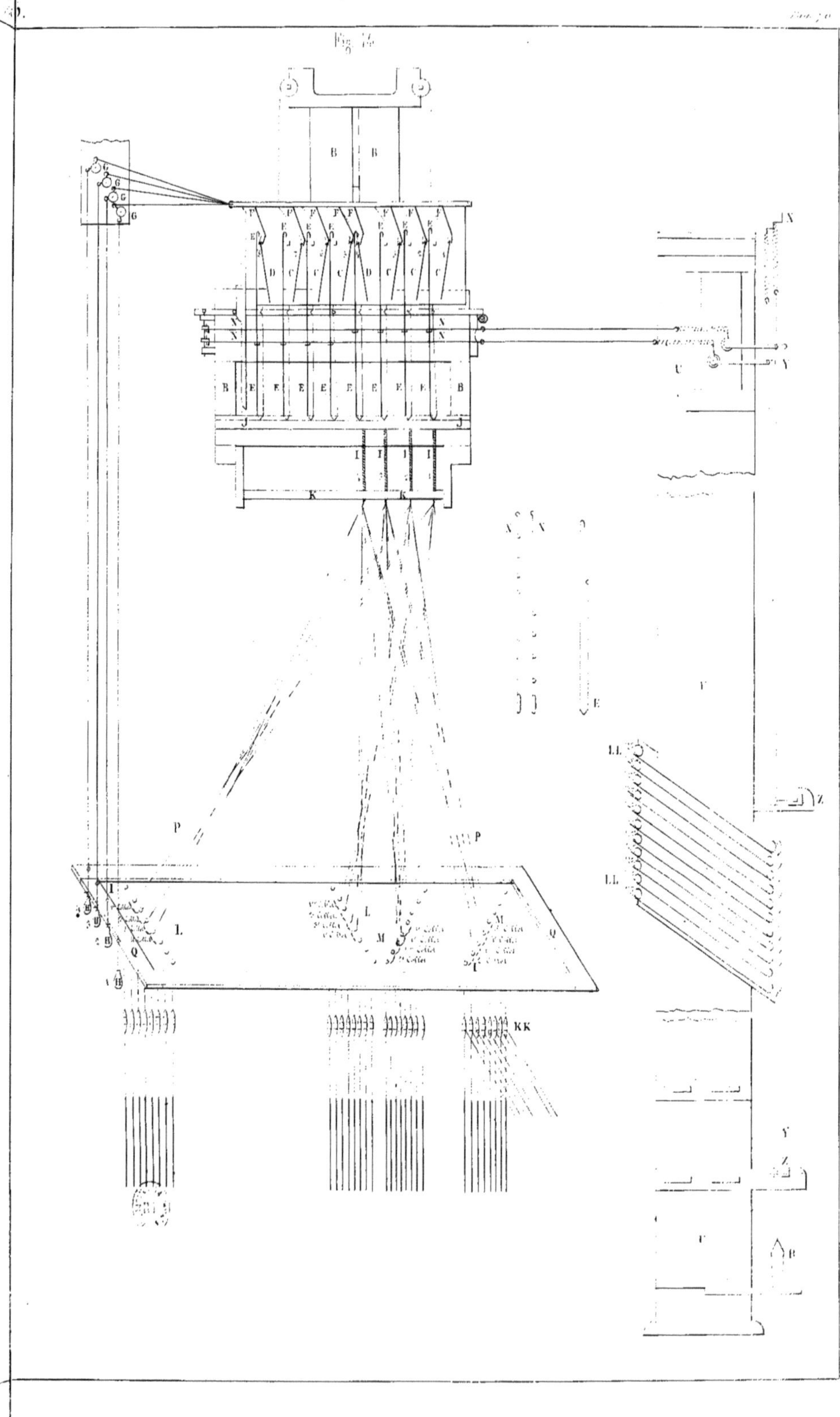

PLANCHES V ET VI.

La planche 5, *figure* 14, représente la mécanique B vue de profil. Le lisage se fait en travaillant. Le liseur, en tirant les cordes du semple Y, amène les crochets sur les lames de la griffe C, chaque fois que l'ouvrier met le pied sur la marche EE, *figure* 11, pour faire lever les fils KK et brocher son espoulins HH.

Les lames de la griffe C sont mouvantes et de toute la hauteur de la tire, afin que ces lames, en retombant, puissent couler entre les crochets E, sans atteindre la tête de ces crochets. Des ressorts fixés de chaque côté de ces lames sur le montant de la griffe, les forcent à rester dans leur position un peu penchée de gauche à droite, ainsi que l'indique la lettre C de la dite figure. Ce n'est que lorsqu'on veut paralyser l'effet de l'une de ces lames qu'on la tire à sens inverse, ainsi qu'on peut le remarquer sur les deux lames D, qui sont penchées en arrière par l'effet des tirants F, qui correspondent par des poulies de renvoi G aux boutons H placées à la portée de l'ouvrier. De sorte que chaque fois qu'une course est terminée, l'ouvrier étant obligé de changer le liage des fils pour former le croisé, il lâche le bouton n° 1, qui paralysait ici la 4me et la 8me lame, et tire le n° 2 pour en paralyser deux autres dans le sens du croisé; de manière qu'à chaque course, il faut accrocher un des boutons et décrocher celui qui était accroché. Les ficelles du semple Y, vues de profil, servent à tirer les aiguilles et à agrafer les crochets sur la griffe pour faire la levée des fils de la chaîne. On peut remarquer que ces ficelles sont attachées dans le bas, au rouleau R destiné à les *égalir* et à les roidir à volonté au moyen d'un nœud coulant; elles passent perpendiculairement dans les râteaux Z, dont la division est la même que celle du papier briqueté de la mise en carte OE, *figure* 10, planche 6, de manière à ce que chaque ficelle arrive exactement en face de chaque brique. Ces ficelles sont attachées à une de leurs extrémités aux leviers O, *figure* 14. Ces leviers sont fixés dans le haut du semple U, et ont un petit trou au centre, dans lequel passe une broche en fer qui leur permet de faire bascule. Et afin que ces leviers reprennent leur place horizontale après avoir tiré, et que les ficelles du semple soient toujours tendues devant le dessin, il existe une élastique à chaque levier attachée en contre-bas du semple sur le couronnement du bâte X, de manière qu'en tirant les cordes du semple Y elles tirent les aiguilles de la mécanique N, font arriver les crochets E sur les lames de la griffe C, et reprennent leur place et leur degré de tension lorsqu'on lâche les ficelles Y.

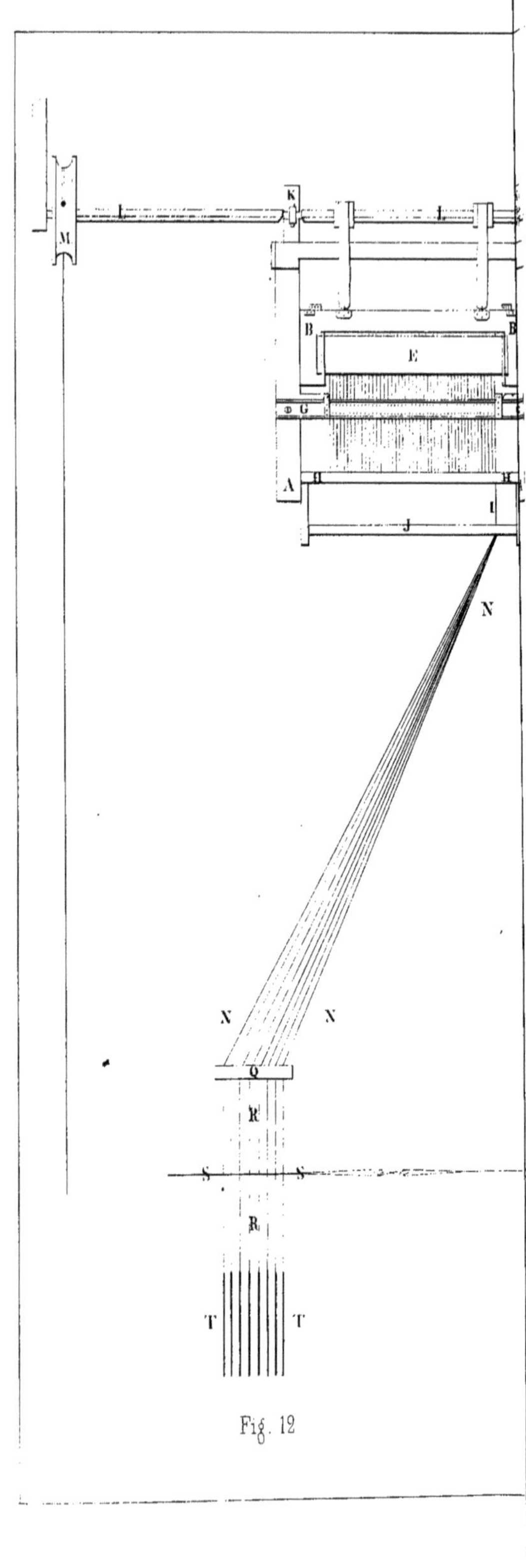

Fig. 12

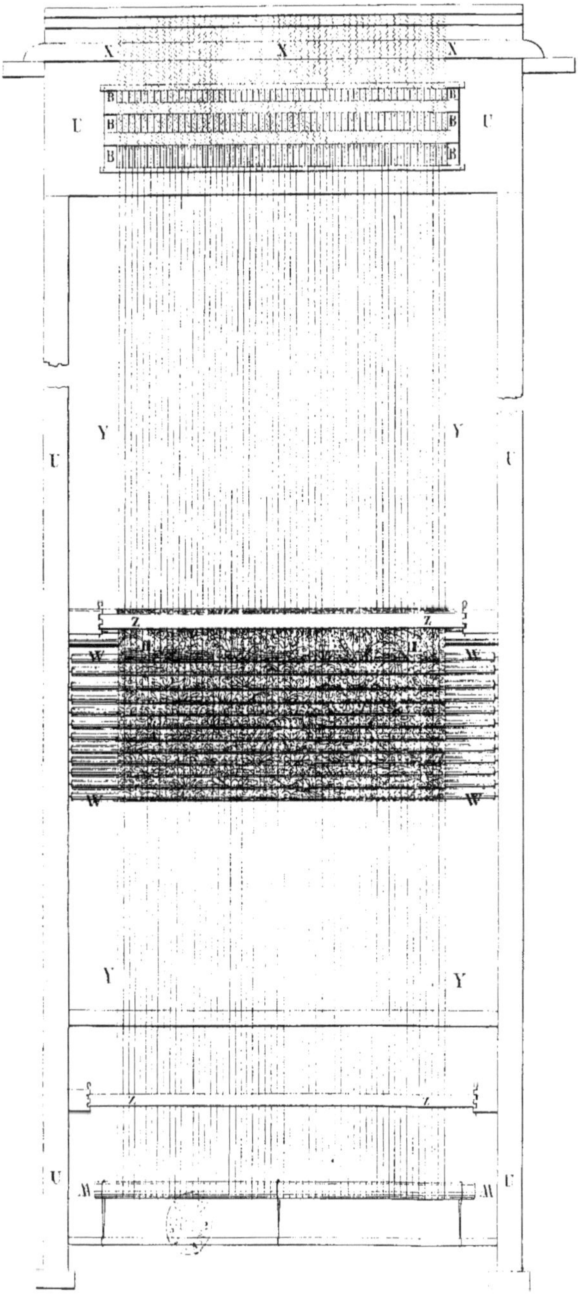

Fig. 19.

Toutefois, ce résultat ne peut être obtenu complétement que par l'enfourchement qui consiste à faire lever deux fils par chaque corde d'arcade.

Ainsi, on attache à chaque talon des crochets E un des collets I qui passent au travers de la planchette J et de la grille K, autant de corde d'arcade ou fil à fourche qu'on veut faire de répétition sur la largeur de l'étoffe. J'ai figuré ici deux répétitions LL d'un *emboutage* à pointe. On enfourche sur chaque collet deux lisettes figurées ici par un trait d'union sur les trous de la planchette Q; et afin que le dessin puisse se faire à retour et que le croisé soit toujours suivi, il faut que les fourches à retour soient attachées deux fils plus loin, ainsi qu'il est indiqué par le trait d'union des trous de la planchette Q à la lettre M; c'est-à-dire que l'on attache au premier collet I le 1er et le 2me fil de l'empoutage suivi, et le 3me et le 4me fil sur le premier collet aussi de l'empoutage à pointe, en suivant la marche qui est indiquée aux collets suivants, conformément au travail des fils de la *figure* 13; et on continue ainsi jusqu'à la fin de l'empoutage.

Il faut aussi que la mise en carte du dessin soit faite sur un papier briqueté, parfaitement en rapport avec les cordes du semple, dont la distance est guidée par les râteaux Z, dans lequel elles passent avant d'arriver sur la carte, ainsi qu'on peut le voir par la figure 10 de Y à Y, planche 6. Il est indispensable que chaque corde passe au milieu de la brique du papier, ainsi qu'il est indiqué par les traits de *i* à *i*, *figure* 8, planche 5. Il faut aussi que la corde soit assez fine pour distinguer les couleurs du dessin qui est en dessous, ainsi qu'on peut le remarquer par le semple vu de face planche 6, *figure* 10.

Le papier de cette mise en carte, *figure* 10, lettre œ, de la même planche 5, doit être collé par les deux bouts en forme de manchon, afin de pouvoir le tendre à volonté sur les rouleaux W, *figure* 10, planche 6 et LL, *figure* 14, planche 5, et les tourner de l'épaisseur d'une brique à chaque course. Les rouleaux de derrière LL sont supportés par des dents en forme de cremaillère ayant un pas de vis pour lâcher le manchon ou le roidir à volonté; et afin de ne pas intercaler, en lisant, les *branches* de dessus avec celles de dessous, on tend une ficelle sur chaque rouleau, ainsi qu'il est indiqué sur la figure 8 de *a* à *a*, ensuite on lit le coup qui est au-dessous de la ficelle de *b* à *b*, sans crainte de se tromper.

La mise en carte étant ainsi établie sur les rouleaux W, planche 6, *figure* 10, le liseur commence sa lecture par *branche*, ainsi qu'il est marqué planche 5, *figure* 8 de *b* à *b*. Or, le dessin de cette figure en prenant par la droite et allant sur la gauche, indique deux cordes à tirer à la première *branche*, une, à la seconde *branche*, une à la troisième, trois à la quatrième, ainsi de suite tel qu'il est indiqué par les traits d'union, 1, 7, 1, 1, 1, 5, 3, 1, 1, 1, 1, 4, 3, 1, 1, 1, 2, 1, 4, et jusqu'à la dernière branche de trois cordes, qui termine la course de 50 cordes pour un seul rouleau ; on fait la même opération sur les autres rouleaux ; ensuite on enroule les cartes de l'épaisseur d'une brique, comme pour le lisage ordinaire, et on recommence la course qui vient après pour continuer la lecture après avoir fait le va-et-vient sur chaque course. Or, la *figure* 10, planche 6, représente un semple de 50 cordes sur 12 rouleaux, pouvant reproduire un dessin de 600 cordes. Ainsi, à chaque *branche* que le liseur tire, le brocheur placé sur la banquette DD, *figure* 11, planche 5, met le pied sur la marche EE, pour faire lever les fils KK, et passe sous ces fils avec sa main droite un des espoulins HH qui était piqué sur la planchette GG, tandis qu'avec sa main gauche il prend l'espoulin qui vient après, afin de le passer devant celui qu'il a broché pour le crocheter, avant de le remettre en place. Mais, pour prendre et remettre au premier coup d'œil chacun de ces espoulins à sa place, les trous qui les reçoivent doivent avoir 8 millimètres de diamètre, afin de pouvoir placer, pour ainsi dire, les yeux fermés ces espoulins, qui n'ont que deux millimètres de grosseur. Et pour que le brocheur ne se trompe pas de rangée et puisse les prendre à la suite et les remettre en place les uns devant les autres, il saute trois rangées de trous, ainsi qu'on peut le voir *figure* 9, *fff*. Il prend l'espoulin *c* pour le mettre dans le trou *e;* il revient ensuite prendre l'espoulin *d* qui vient après, tout choisi, et va le replacer dans le

2me trou de la rangée vide *e*, de sorte qu'en les prenant tout rangés d'un côté, ceux de l'autre côté se trouvent être naturellement en place ; et il continue ainsi jusqu'à la fin de la course ; mais en les remettant en place d'une main après les avoir passés sous la chaîne, il prend de l'autre main l'espoulin qui vient après et le passe devant celui qui vient d'être broché, afin de former la chaînette, ainsi qu'il est indiqué *figure* 15, planche 5. Le n° 1 venant de travailler et d'être crocheté avec son voisin de droite, l'ouvrier vient ensuite passer l'espoulin devant le n° 2, pour que celui-ci soit crocheté à son tour ; c'est en passant ainsi les bouts les uns devant les autres, *branche* par *branche*, que toutes les couleurs se trouvent liées les unes aux autres tout en travers du châle.

La planche à espoulins, *figure* 9, de *j* à *j*, attenante à celle où sont casés les espoulins travaillant, est disposée pour recevoir ceux qui cessent de travailler et de manière à pouvoir les reprendre avec facilité, lorsqu'il en est besoin.

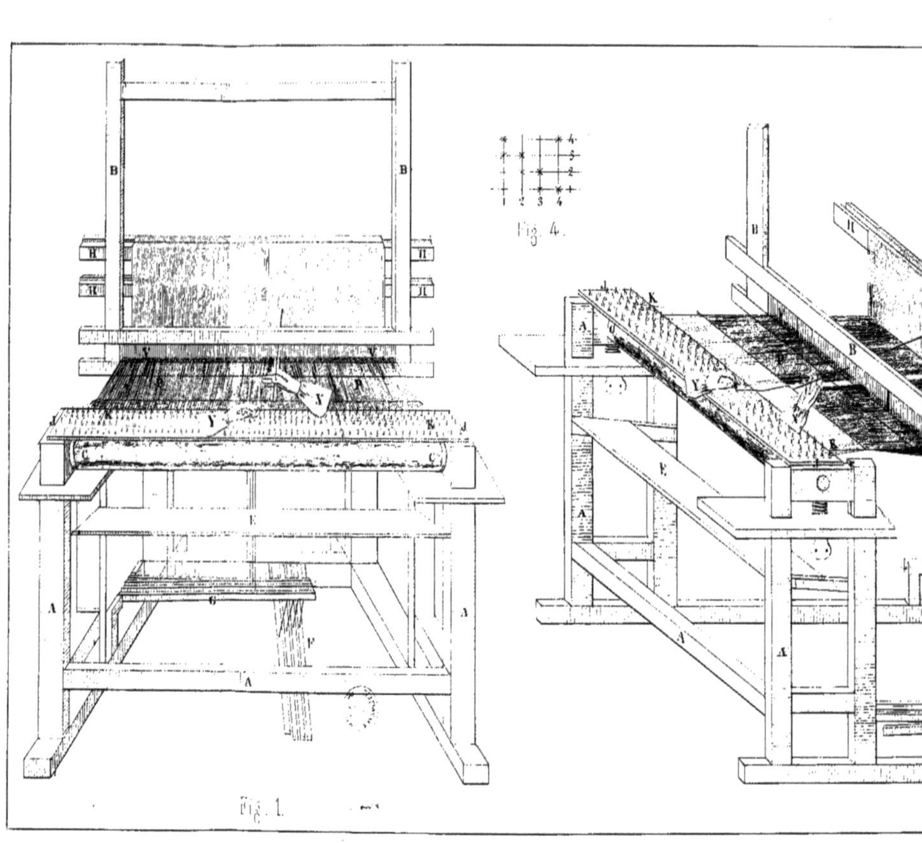
B
B
H
H
1 2 3 4
4
3
2
Fig. 4.
Fig. 1.

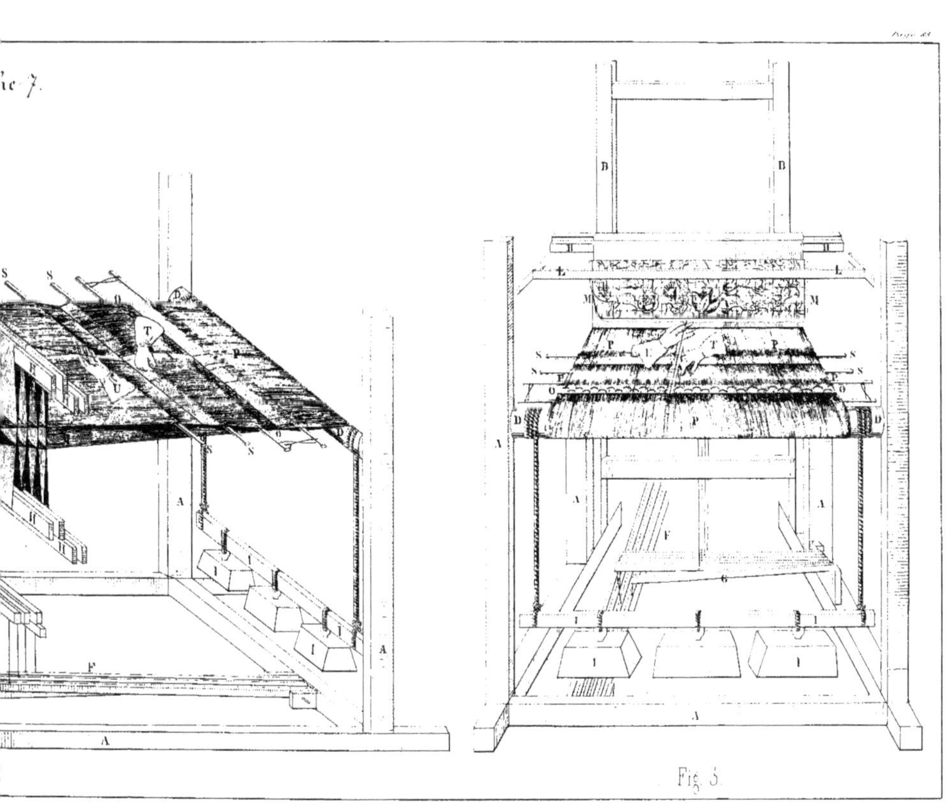

Fig. 5.

PLANCHE VII.

Pour fabriquer les châles par le lisage sans mécanique, il suffit d'avoir un métier de tisserand tel qu'il est représenté sur cette planche, *figure* 2, bâti A; seulement, il faut que la charpente du métier soit complète, c'est-à-dire qu'il y ait le chapeau du métier que je n'ai pas voulu figurer ici, afin de laisser à découvert tous les objets nécessaires à ce travail. Il faut aussi le battant B, le rouleau de devant C, celui de derrière D, la banquette E, les marches F, les contremarches G les lisses H, la bascule supportant les poids pour tendre la chaîne I, et enfin tous les ustensiles nécessaires à un métier de tisserand. Il faut ajouter à ces objets une planchette J, dans laquelle on place les espoulins K, *figure* 1 et 2, et la double régle L, *figure* 3, dans laquelle la mise en carte M, est placée de manière à opérer cette lecture comme pour le lisage ordinaire.

Il n'est pas nécessaire d'avoir un papier particulier comme pour le lisage à la mécanique : tous les papiers briquetés peuvent servir, pourvu toutefois que la réduction des coups en hauteur soit en rapport avec la grosseur du numéro de cachemire broché doublé que l'on veut employer.

Le dessin étant établi entre les deux régles, la liseuse placée derrière les lisses, ayant devant elle le rouleau D, *figure* 3, et le dessin M sous les yeux, doit diviser tous les fils de la chaîne P par portée de 40 fils au moyen d'un lien qu'elle passe autour de ces fils en avant de l'encroix, ainsi qu'il est indiqué par la lettre O, *figure* 2 et 3 : cette division par 40 fils correspond à la combinaison qui existe dans chaque dizaine de la carte, et sert de guide à la liseuse, pour prendre d'un coup d'œil et presque sans compter, la quantité de fils que la carte lui indique. Avant de commencer à lire, elle doit aussi extraire la moitié de la chaîne qui doit rester en dessous pour former le sillon diagonal. Cette opération a lieu en faisant baisser, au moyen des marches F, les deux lisses de derrière H, *figure* 2 ; d'après la marche du croisé, *figure* 4, n° 3 et 4, ce rabat des fils par les lisses forme une ouverture Q qui découvre la séparation des fils de la chaîne en dessous qui est au repos, d'avec ceux qui sont en dessus pour travailler. Et c'est à travers ceux-ci que la liseuse passe les deux baguettes S pour former un encroix, afin d'avoir la facilité de compter les fils que lui indique le dessin M.

Ce travail préparatoire étant terminé, la liseuse compte par *branche* (ainsi que je l'ai indiqué dans le lisage à la mécanique), de la main droite T, *figure* 2 et 3, la quantité de fils qui lui est indiqué par le dessin M, *figure* 3, qu'elle a sous les yeux, et de la main gauche U elle prend par *branche*, à mesure qu'ils sont choisis, les fils qu'elle élève au travers des lisses H et le peigne V, *figure* 2, pour que le brocheur placé en avant du rouleau C, et étant assis sur la banquette E, puisse passer son espoulin sous cette levée pour le brocher. De sorte que le brocheur prend son espoulin de la main droite X, le passe sous les fils de la chaîne, et, avant de le remetre en place, vient boucler la trame en le passant devant l'espoulin, qu'il prend de la gauche Y pour le brocher de même, ainsi qu'il a été expliqué pour le métier à la mécanique.

Lorsque la course est terminée tout en travers de l'étoffe, la liseuse change le pas de liage en faisant baisser d'autres lisses, suivant la marche du croisé. n°s 3 et 4, *figure* 4, planche 7 ; ensuite elle retire de la chaîne une des baguettes S, et refait un autre encroix. Lorsque cette seconde course est terminée, elle change de nouveau le pas de liage, retire de nouveau la baguette, refait un autre encroix : — ainsi de suite, à chaque course, pour continuer le travail.

ERRATA.

—

Page 16, ligne 8. — *au lieu de* adopté, *lisez*. adapté.

— 77, lignes 9 et 10, *au lieu de* CC. DD. *lisez* : C. D.

— 81, ligne 9, *au lieu de* : emboutage, *lisez* : empoutage.

TABLE DES MATIÈRES.

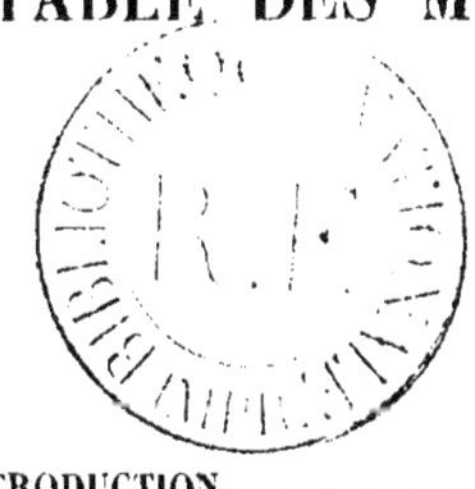

Corbeil, imp. et lith. de Crété

www.ingramcontent.com/pod-product-compliance
Ingram Content Group UK Ltd.
Pitfield, Milton Keynes, MK11 3LW, UK
UKHW020922180726
13838UKWH00002B/700